DES MÊMES AUTEURS, AUX ÉDITIONS LEDUC.S

Dites, ne dites pas : entretiens de recrutement, Yves Maire du Poset et Olivier de Clermont-Tonerre, 2009.

2 minutes pour bien se vendre, l'art de parler de soi, Yves Maire du Poset, 2008.

Maquette : Sébastienne Ocampo

17, rue du Regard
75006 Paris – France
E-mail : info@editionsleduc.com
ISBN : 978-2-84899-418-5

YVES MAIRE DU POSET
OLIVIER DE CLERMONT-TONNERRE

TOUTES LES CLÉS DU SAVOIR-VIVRE EN ENTREPRISE

BUSINESS

LEDUC.S ÉDITIONS

SOMMAIRE

INTRODUCTION

Une scène dans une entreprise entre deux personnes. L'une des deux vient d'avoir un rendez-vous avec un haut responsable de cette entreprise :

« Alors… comment l'as-tu trouvé ?

– Par hasard, derrière son bureau…

– Très drôle… non mais sérieusement ?

– Eh bien, je l'ai trouvé ABSOLUMENT GÉNIAL !

– Ah bon ?

– Oui et je ne sais pas comment t'expliquer… il a été accueillant, sympa, il m'a écouté, il s'est intéressé à moi, il m'a donné du temps pour m'exprimer. C'est simple, quand j'ai achevé mon topo, j'ai eu l'impression qu'il avait éclairé mes idées. Et puis, tu vas me dire que ce sont des petits trucs, il m'a reçu à l'heure, il a été disponible, je l'avais pour moi, j'étais chez lui comme chez moi ! Je n'en revenais pas… quand je parlais, il prenait des notes ! Et je ne te raconte pas ce qui s'est passé à la fin de l'entretien…

– Quoi donc ?

– En fait, là non plus, rien d'extraordinaire mais… il m'a parlé de son service, m'a fait comprendre son projet, comme ça en quelques mots. En me raccompagnant vers l'ascenseur, il m'a dit qu'il était heureux de m'avoir rencontré, qu'il était certain que je réussirai dans ce poste, que je pouvais compter sur lui, que… Bref, il m'a si bien reçu que je me sens conforté dans mon travail.

– Waouh ! Ma parole, il t'a tapé dans l'œil ?

– Non. C'est juste un type qui sait s'y prendre. Il m'a facilité les choses, il a été discret, plein de respect, que veux-tu que je te dise… c'est un vrai « pro », il sait faire, il a la manière ! Pas étonnant que tout le monde dise du bien de lui. »

Dans cet épisode, que s'est-il réellement passé ? Comment ce personnage s'y est-il pris pour, en un tournemain, emporter l'adhésion absolue de son visiteur ? Il existe certes de ces séducteurs habiles… Dans notre cas, nous avons manifestement affaire à quelqu'un qui accumule les savoir-faire, mais… lesquels ?

Car, enfin, la politesse, les belles manières, le savoir-vivre… n'expliquent pas à eux seuls la puissance et le charisme de ce personnage ni l'enthousiasme du visiteur. D'ailleurs, dans cette histoire, on ne sait pas si ce personnage a observé les règles de la bienséance dans son rôle d'hôte ; et si toutes les formes les plus élevées de la politesse à travers les âges ont été scrupuleusement suivies : si la poignée de main a été bien donnée, si ses paroles d'accueil ont bien respecté les bonnes manières, s'il a laissé son visiteur entrer le premier dans son bureau, s'il l'a invité à s'asseoir avant de le faire lui-même, etc.

N'y a-t-il pas, en fait, d'autres éléments d'explication de ce bien-être et de cette aisance qui ont marqué si fortement ce visiteur que les simples bonnes manières dont il a fait usage ? Le poète ne dit-il pas : « *Ce n'est pas le rince-doigts qui fait les mains propres ni le baisemain qui fait la tendresse…* »

Et si la cause était à rechercher, par exemple, du côté de **l'attention puissante** dont son hôte a fait preuve ? Du côté de **cette grande clarté dans ses propos** ? Ou bien encore du côté de **la qualité de son travail de manager** : en recevant avec savoir-vivre son visiteur, ce personnage a en effet su créer toutes les conditions pour qu'une bonne relation s'instaure.

Le secret du savoir-vivre dans l'entreprise?

Un savant mélange de qualités de fond et de forme capable d'instaurer un climat relationnel propice à créer durablement et sereinement de **l'efficacité professionnelle**. Qualités qui se complètent harmonieusement mais dont l'une serait comme handicapée sans le complément de l'autre…

C'est là le propos de ce livre qui n'est pas le énième manuel des bons usages de la bonne société. Nous cherchons plutôt à comprendre ce qui, avec la politesse et en même temps au-delà de ses convenances, permet vraiment de construire de solides relations.

Avec de nombreux exemples, nous rappellerons **ces règles universelles de vie dans l'entreprise qui font le bon équilibre des relations professionnelles et qui créent de l'efficacité.**

Le livre fonctionne comme un guide d'utilisation de ces règles. **Toutes les situations professionnelles** où la relation interpersonnelle s'instaure et exige quelque élégance dans l'art de la gérer seront passées au crible : **de l'entrée dans l'entreprise jusqu'à la sortie**. Avec, à chaque fois, les solutions et les réponses les plus adaptées, selon nous.

C'est dire si l'on peut entrer dans ce livre par où l'on veut. Il suffit de se reporter au sommaire ou mieux encore aux situations listées dans un Index comportant les mots-clés.

Produire de bonnes attitudes pour davantage d'efficacité professionnelle !

Sans doute la première de toutes les vertus, la politesse règle nos relations en les canalisant. Sans ces quelques petites attentions de tous les jours aux autres, on en viendrait rapidement aux poings. Imaginez un monde sans bonjour, sans merci, sans s'il vous plaît... ?

Mais alors, ces petites attentions ne seraient donc pas si petites que cela ? Car enfin, comment expliquer que ces usages de principe existent partout, quels que soient le lieu ou la civilisation ?

Et, en même temps, reconnaissons que ces bons usages ne règlent pas tout et, surtout, ne suffisent pas. Comme dit André Comte-Sponville* : « Un nazi poli, qu'est-ce que cela change au nazisme ? »

C'est pourquoi nous devons admettre qu'en plus de ces « petites attentions de tous les jours », il nous faut développer, dans toutes nos actions, une attention plus forte, aux autres comme au travail bien fait. Une attention faite de ces bonnes attitudes qui, dans l'entreprise, permet d'atteindre l'efficacité relationnelle.

En somme, une voie d'excellence, à creuser tous les jours dans l'entreprise !

---

* *Petit traité des grandes vertus*, André Comte-Sponville, PUF, 1995.

Un contre-exemple à la petite saynète de l'introduction…

Dans une entreprise, une rencontre entre deux personnes à l'heure de la cantine.

« Oh là là… ça n'a pas l'air d'aller ?

– Non, en effet, je n'ai pas très faim aujourd'hui.

– Mais que se passe-t-il ? Tu en fais une tête !

– Écoute, il m'arrive un truc incroyable… tu sais que j'avais un rendez-vous ce matin avec X, ce type dans le service duquel je vais être amené à travailler.

– Oui je m'en souviens mais dis-moi, il t'a impressionné à ce point ?

– Impressionné… je ne sais pas si c'est le terme approprié ! Disons, pour être bref, que je suis sorti de son bureau sur les rotules ! Je ne savais pas qu'il existait encore des gens comme ça dans l'entreprise !

– Ah bon ? Mon Dieu mais quels sont les vilains défauts de ce monsieur ?

– TOUS ! J'ai bien réfléchi, il les collectionne et je dirai même que sa collection est complète ! Écoute bien ceci : d'abord on devait se voir à 9 heures tapantes. Il m'avait d'ailleurs dit : « Surtout soyez à l'heure parce que j'ai un emploi du temps chargé. » Il m'a reçu à 9 h 30, sans un mot d'excuse, avec un large sourire comme si je devais me réjouir d'avoir poireauté une demi-heure. Il me fait entrer dans son bureau et là, le téléphone sonne, il prend l'appel et, je ne te mens pas, ça a duré au moins dix minutes. Jusqu'au moment où le ton est monté avec son interlocuteur et il lui a raccroché au nez ! C'est à ce moment que j'ai senti que mes viscères se contractaient. Il s'est tourné vers moi, visiblement agacé de ce coup de fil, et m'a dit : je vais vous dire quelques mots sur le service que je dirige… Ça a duré au moins vingt minutes, c'est simple, je n'ai pas pu en placer une. Un torrent

→

de mots… un jargon… avec de telles certitudes sur tout… En fait, je n'ai rien compris !

– Ah bon… ?

– Tu ne peux pas savoir, il me racontait sa vie, son œuvre, ses guéguerres avec tous les gens de la maison. Jusqu'au moment où l'un de ses collaborateurs est entré, lui a fait un signe, il m'a dit : « Je vous demande une seconde… » Et là, j'ai attendu tout seul peut-être encore dix minutes. Quand il est revenu, il a regardé sa montre, il a soupiré, il paraissait accablé, j'ai compris que l'entretien était terminé. Il m'a dit : « Réfléchissez bien, je dirige un service d'avenir, c'est le moment de nous rejoindre ! » Puis il a ajouté : « Je suis désolé mais je ne vous raccompagne pas. »

– Incroyable !

– Oui, j'ai l'impression d'être allé au cirque voir un type qui faisait du strip-tease en me montrant tous ses défauts. Franchement, je ne vois pas une seule raison d'aller travailler avec lui, il ne s'est pas intéressé à moi une seule seconde et j'ai le sentiment d'avoir perdu mon temps.

– Bon… je crois que tu as fini ton repas, j'ai l'impression que tes viscères vont mieux… Allons prendre un café, ça va nous réconcilier avec la vie ! »

1 L'entrée dans une nouvelle entreprise, un nouveau service...

Demain est un grand jour : vous intégrez une nouvelle entreprise, un nouveau département, un nouveau service... Vous êtes dans l'incertitude : « Comment faire ? Quelles sont les priorités ? Quels sont les gens à voir en premier lieu ? Faut-il que j'invite mes nouveaux collègues autour d'un café, d'un déjeuner... ? Que dois-je dire de moi et comment me mettre en valeur ? Que dois-je savoir d'eux ? Etc. » Autant de questions cruciales sur les bonnes pratiques à observer auxquelles il vaut mieux réfléchir avant.

Car, en effet, l'entrée dans l'entreprise ou toute autre entité nouvelle, c'est « le » moment à ne pas rater ! Ajoutons immédiatement que cet exercice peut se révéler à la fois simple et compliqué. Et c'est en raison même de cette simplicité, qui doit être un objectif pour vous, qu'il faut être savamment préparé. Rappelez-vous que vous n'êtes pas forcément attendu dans cette nouvelle entité que vous allez intégrer (vous y êtes peut-être même déjà craint sans le savoir...). Vous ne connaissez pas les lieux ni le contexte, ni même les gens. Dans ce démarrage d'une nouvelle vie professionnelle, vous êtes donc un peu fragilisé !

Or, c'est là que **le choix des bonnes manières va vous aider** : en vous offrant un formidable moyen de diminuer le risque d'être mal perçu; mais aussi en vous offrant le moyen de conforter, dès le début, votre position de nouvel arrivant.

L'enjeu de cette arrivée est en effet grand. Il suffit de penser au nombre de gens que vous allez rencontrer dès les premiers jours, aux situations nouvelles auxquelles vous serez confronté, à toutes les connaissances qu'il va vous falloir ingurgiter... Et tout cela en si peu de temps : pas un moment en effet pour souffler ni pour vous concentrer. Tout va vous tomber dessus en un torrent d'informations. Vous croirez pouvoir les retenir toutes sans vous rendre compte qu'il s'agit d'une illusion !

C'est la raison pour laquelle vous avez, le temps de cette intégration, **une double obligation** qui, vous le verrez, est une formidable manière de politesse à l'égard de ceux que vous allez rencontrer :

- celle de vous transformer en éponge,
- celle de formaliser tous les soirs vos premiers pas dans l'entreprise ou l'entité.

Voyons quels sont ces deux premiers objectifs.

Objectif n° 1 : vous transformer en éponge

Votre objectif est de faire dès les premiers jours un sans-faute. Comme si vous alliez à la pêche aux suffrages ! **C'est sur le relationnel qu'il faut mettre le paquet !** Sur quoi d'autre pourriez-vous miser dans les premiers moments ?

Toutefois, la situation d'arrivant n'est pas des plus simples : dès le premier pied posé dans l'entreprise, vous êtes observé, chacun de vos mouvements fait l'objet d'un regard scrutateur. Tous veulent avoir leur part de jugement sur ce nouvel entrant. Or, vous le savez peut-être, votre réputation se fait déjà à cet instant. Vous êtes sur des sables mouvants ! Sachez donc transformer ces moments difficiles en des moments de grâce pour ce qui vous concerne : faites-vous, vous-même, observateur ! Sachez capter la réalité, toute la réalité, soyez une éponge !

Vous allez ainsi changer le cours des choses et, d'une certaine manière, prendre la main au lieu de rester sur le gril. Et ce n'est que bonne manière que vous leur devez ! Un peu comme lorsque vous êtes invité à un dîner dans lequel vous ne connaissez a priori personne : dès l'entrée, vous avez l'impression de marcher sur des œufs. En félicitant votre hôte du décor de son logis et en lui demandant dans la foulée l'histoire du choix de cette décoration, vous verrez, vous vous sentirez mieux dès qu'il vous répondra. Se montrer à l'écoute dans un tel cas, c'est aussi le meilleur moyen de se libérer de ces petits malaises relationnels qui, dans des situations nouvelles, nous encombrent le plus souvent.

Vous allez être observé, vous devez donc vous transformer en observateur...

Oui, s'intéresser à ceux que vous allez rencontrer et bien les écouter est de loin la meilleure façon de faire montre de politesse à leur égard. Vous entrez en effet dans un nouveau lieu dans lequel vous n'êtes que le « petit dernier ». Il est donc normal que ce soit vous qui fassiez cet effort de vous intéresser à eux. La première des politesses consiste donc à ne pas commencer par vous « étaler » ou vous répandre : en parlant de vous, de votre histoire, de votre expérience, de vos savoirs... Mais plutôt de chercher à entrer dans le monde de vos interlocuteurs, de les comprendre de l'intérieur, de sorte que, au terme de chaque entrevue, vous puissiez avoir l'impression de les connaître depuis toujours. En développant de la sorte une écoute puissante des autres dès le démarrage, vous ne vous rendez pas seulement service. Vous leur apportez une aide précieuse : vous leur offrez le loisir de se concentrer sur leur activité, leur parcours le temps d'un entretien et ainsi **vous les aidez à renforcer leur efficacité professionnelle.**

Mais tout cela va vous prendre du temps ! Ce temps de l'écoute nécessaire pour être « en phase » avec les autres, en bonne harmonie avec eux.

Observez pour comprendre de l'intérieur de quoi est faite l'entreprise !

Il vous faut impérativement comprendre l'entreprise, son histoire, les hommes et les femmes qui l'ont faite, les grands événements, etc. Voici les quelques questions auxquelles il vous faut trouver des réponses :

- D'où vient-elle ?
- Quelle est son origine ?
- Quel a été son parcours ?
- Est-elle sous l'emprise d'un autre groupe ?
- Quelles sont ses populations ?
- Quels sont ses métiers et leur évolution ?
- Quelle est son organisation ?
- Qui sont les dirigeants ?
- Quelle est sa culture, son style ?
- Qui sont ses clients ?
- Etc.

Vous comprendrez rapidement que pour aller plus vite dans la compréhension de l'entreprise, il vous faut rencontrer ceux qui comptent. Pas tous tout de suite ! Non, mais progressivement, envisagez de les rencontrer. Abordez-les simplement en leur disant que vous êtes dans l'entreprise depuis peu de temps et que vous avez envie d'en savoir davantage sur eux, que cela est important pour votre job et que vous souhaitez les rencontrer une demi-heure ou trois quarts d'heure, le temps de faire connaissance. Vous verrez, personne ne s'opposera à une telle demande !

Un point de vigilance : sachez vous méfier de vos propres jugements. La première impression peut être la bonne. Notez-la ; puis efforcez-vous de la valider ensuite objectivement au gré des événements et des rencontres que vous ferez ; vous illustrerez ainsi cette « première impression » de faits concrets. Et si vous constatez que vous vous êtes trompé, ou plus vraisemblablement, que « c'est un peu plus compliqué que je le pensais », non seulement cette démarche vous aura évité l'erreur, mais en plus vous aurez compilé des informations qui pourront être fort utiles à vous-même, à votre entourage et à l'entité que vous venez de rejoindre.

Mais avant tout, sachez organiser de vraies rencontres avec votre entourage

Nous vous suggérons d'organiser ce temps d'écoute des autres. Car sinon, vous risquez de vous faire entraîner dans quelque chose que vous ne maîtriseriez pas : par exemple, les présentations entre deux portes ou en groupe. Il s'agit là de fausses présentations faites en surface qui, certes, sont mieux que rien mais ne font pas de bonnes relations durables ! C'est comme construire une maison sans fondations solides. Vous devez donc commencer par le commencement et envisager rapidement ces rencontres avec les autres. Et cela dès la première rencontre avec votre supérieur hiérarchique, au moment de votre entrée dans l'entreprise.

SAVOIR-VIVRE = EFFICACITÉ PROFESSIONNELLE

SE TRANSFORMER EN OBSERVATEUR DÈS L'ENTRÉE DANS L'ENTREPRISE ?

Il vous faut pour cela rencontrer les personnes avec qui vous serez en lien. Et surtout pas entre deux portes mais plutôt dans des rendez-vous organisés pour l'occasion.
C'est la clé pour être ensuite cette personne attentive que l'on aimera écouter… !

Le premier rendez-vous avec votre supérieur hiérarchique (ou le N + 1)

Celui-ci va en effet chercher à vous présenter l'entreprise, le département ou le service ; son contexte, sa stratégie, etc. S'il ne prenait pas l'initiative de ce rendez-vous dans les trois premiers jours, prenez-la vous-même.
Pendant le rendez-vous, écoutez-le, prenez des notes (nous verrons plus loin l'importance de la formalisation de ces rencontres). Sachez lui poser toutes les bonnes questions qui éclaireront votre perception de la situation, de votre poste et de ce que votre supérieur attend de vous. Voici quelques exemples de bonnes questions qui vont le rassurer :

- Voyez-vous un inconvénient, Monsieur, dans ce premier entretien, à me rappeler les principaux objectifs de mon poste ?
- Combien de temps me donnez-vous pour prendre en main mon poste ?
- Comment souhaitez-vous que l'on fonctionne ? Dans le cadre de quel type de réunions ? À quel rythme ?
- Quels sont les conseils que vous pouvez me donner pour favoriser mon intégration ?
- Etc.

Puis vous lui demanderez ceci :

- Quelles sont les personnes avec lesquelles j'aurai les relations les plus étroites ? Je veux évoquer celles avec lesquelles je serai en relation de partenariat permanent, des personnes avec lesquelles il peut exister des risques de friction, de conflits... Les relations dans l'entreprise, dans le département, dans le service et, bien sûr, hors de l'entreprise...

Vous allez, avec son aide précieuse, chercher à identifier celles et ceux qui vont compter dans votre réussite, qui sont des acteurs qu'on ne peut pas laisser de côté, ceux qui peuvent vous aider, vous faciliter la vie, ceux qui sont des passages obligés, ceux qui sont d'« incontournables » personnages et qui font le succès (ou le défont).

En établissant cette liste avec lui, ne vous cantonnez pas aux « puissants », cherchez au contraire à élargir le cercle ! Si votre supérieur n'en a pas l'idée ou ne la trouve pas fondée, prenez la liberté d'élargir cette liste aux moins puissants. La réussite dépend aussi d'alliés qui ne sont pas forcément au sommet. Ne l'oubliez pas, il s'agit pour vous de créer un climat favorable. Or, ce climat ne pourra s'instaurer que si tout votre entourage vous perçoit favorablement et va dans le même sens que vous !

Mettez en place votre petite enquête

Votre objectif est de sortir de cet entretien avec une liste de gens à rencontrer avec la « permission » de votre supérieur. Une fois la liste établie, n'hésitez pas à l'associer à cet objectif : « Voyez-vous un inconvénient à ce que je les rencontre rapidement en profitant de mes premiers jours dans l'entreprise ? » Votre objectif est bien que tout ceci se passe avec son assentiment !

Au passage, vous ne négligerez pas les commentaires qui seront faits par lui sur chacun d'entre eux. Mais vous vous garderez bien, vous-même, de tout commentaire sur les siens ! N'oubliez pas votre objectif : écouter, écouter et encore écouter !

Ces rencontres, vous allez les organiser dès les premiers jours ! Avec de vrais rendez-vous. Prévoyez une heure dans le bureau de votre interlocuteur ou bien dans une salle de réunion s'il ne dispose pas de bureau personnel. Et c'est vous qui vous déplacez. Du moins c'est ce que vous allez leur proposer. C'est la moindre des politesses pour le dernier arrivant que d'aller à la rencontre de ses hôtes !

Le DRH (Directeur des ressources humaines)

Dans le cas d'un grand groupe, la personne de la DRH qui vous recevra pourra n'être que la personne au sein de la Direction des ressources humaines qui s'occupe de votre carrière : il s'agira du gestionnaire de carrière ou d'un Responsable ressources humaines (RRH). Dans les deux cas, il s'agira bien sûr pour vous de vous faire connaître (ou mieux connaître). Mais il s'agira surtout de vous permettre d'avoir une perception complémentaire de l'entreprise, du département ou du service, de celle que vous a donnée votre supérieur hiérarchique. Le croisement de ces deux perceptions sera pour vous plus riche d'enseignements !

N'hésitez pas avec lui aussi à poser la même question sur les personnes à rencontrer, au-delà du département ou du service auquel vous appartenez maintenant : les personnes qui sont dans des unités voisines de la vôtre ou dans des unités périphériques avec lesquelles vous serez amené à travailler.

Montrez-vous tel qu'il a envie de vous percevoir : sympa, convivial, écoutant, curieux – mais juste ce qu'il faut – enthousiaste, dynamique et entreprenant, posé, équilibré, etc. Pourquoi diable lui donneriez-vous une image différente qui ne ferait que l'inquiéter ? Ne l'oubliez pas, le DRH s'attachera moins à vérifier le niveau de vos compétences que celui de votre capacité à intégrer harmonieusement l'entreprise. D'où ses interrogations sur ce qui touche à votre personnalité. Et vous-même, soyez questionnant : « Quels conseils pouvez-vous me donner ? » ; ou bien si vous ressentez une difficulté sur tel ou tel sujet : « Comment dois-je procéder pour… ? », etc.

Et, quand vous le quitterez, ne manquez surtout pas de le remercier chaleureusement de ses bons conseils. Dites-lui que vous le tiendrez au courant de vos premiers pas dans l'entreprise, le département ou le service que vous allez intégrer. Ce sera, à ce moment-là, l'occasion pour vous de vous obliger à rassembler vos idées sur cette première expérience et d'en confronter les points marquants avec lui.

Les collègues

Avec eux aussi, le même schéma s'impose. Il s'agit d'aller à leur conquête ! C'est bien un exercice de séduction mais pas seulement. Votre objectif est en effet de donner la meilleure impression sur ce que vous êtes : votre parcours, votre personnalité, vos expériences, votre projet professionnel, etc. Il faut donc vous préparer à parler de vous de manière synthétique : pas question de raconter votre histoire depuis la guerre de 14-18 ! Surtout pas. Il s'agit plutôt de livrer au début de l'entretien, dès les premières minutes, une synthèse de ce que vous êtes*. Puis de redonner la main à votre interlocuteur en lui disant par exemple : « Et vous-même, quel a été votre parcours ? » Laissez-le s'exprimer

* Pour vous préparer à cet exercice difficile, lire 2 *minutes pour bien se vendre, l'art de parler de soi*, Leduc.s Éditions (2008), Yves Maire du Poset.

et mettez-vous en écoute. N'hésitez surtout pas à prendre des notes.

Intéressez-vous à lui sincèrement, sachez lui poser quelques questions. D'une part, pour que cela ne parte pas dans tous les sens et d'autre part, pour que ça ne s'arrête pas après trois mots. Il pourra arriver en effet que certains de vos interlocuteurs soient à sec après quelques mots. À vous de savoir les réactiver. Songez aux bonnes questions pour les aider à dérouler le fil de leur carrière. C'est là pour vous le meilleur moyen d'être le plus courtois vis-à-vis d'eux. Vos questions chercheront à comprendre les éléments clés de leur parcours, de leurs compétences, de leurs motivations... Pour chaque personne rencontrée, cherchez par exemple à comprendre le dénominateur commun de toutes ses expériences !

Comprendre l'autre pour devenir cette personne aimable et polie que vous cherchez à être ! Telle est la voie royale de la politesse !

Cherchez à comprendre l'autre : si votre écoute est bonne, vous serez favorablement perçu. Pour une raison simple : bien peu de gens leur auront permis de parler d'eux de la sorte, avec du temps et une vraie écoute. C'est ainsi dans l'entreprise : on a très peu l'occasion de parler de soi avec profondeur. Si vous y arrivez, vous êtes le roi du pétrole ! Ce qu'ils retiendront, c'est votre écoute et non le fait que vous n'ayez que très peu parlé de vous.

Voulant louer la grande écoute de Marcel Aymé, son ami, Antoine Blondin, disait de lui : « Il était perdu dans vos pensées ! »* Sachez donc vous perdre dans les pensées des gens que vous rencontrez, en sortant des vôtres !

* Cité par Michel Lécureur dans *Album Marcel Aymé*, Gallimard, « la Pléiade », page 258.

Faites le contraire et vous vous tirez une balle dans le pied ! On dira de vous que vous êtes très préoccupé par votre personne, que tout est centré autour de vos problèmes, bref que vous êtes détestable...

Les autres dans l'entreprise

Qui sont-ils ? Ce sont ceux qui ne sont pas dans l'entité à laquelle vous appartenez : ils appartiennent à d'autres services en connexion avec le vôtre ; ce sont des fournisseurs internes ou des clients internes de votre entité. Ce sont aussi des entités dites « périphériques » ou encore fonctions « support » : les systèmes d'information, la DRH, le contrôle de gestion, etc.

Ils sont à prendre en compte aussi. D'une part parce que leur fonction et leur situation font qu'ils sont éloignés des autres entités de l'entreprise. Et d'autre part parce que, en raison même de leur éloignement, si vous ne cherchez pas à les rencontrer dès votre arrivée, pris par le quotidien, vous ne le ferez certainement pas plus tard... ou bien il sera trop tard ! Enfin parce que, par eux, vous pouvez apprendre beaucoup sur la manière dont est perçue votre entité et, au-delà, l'entreprise elle-même, sa stratégie, ses produits, ses clients, etc.

Multipliez les rencontres dès les premiers jours est par ailleurs un bon moyen de ne pas être « phagocyté » par un groupe ou un clan. C'est le moyen d'établir des liens avec les directions supports, de vous faire repérer par vos homologues dans d'autres entités, de nouer des contacts avec les plus anciens, etc. Être ouvert et liant, c'est aussi développer son réseau et se faciliter la vie future dans l'entreprise.

Le schéma de l'entretien est le même que pour les précédents. Il s'agit pour vous de savoir qui ils sont et ce que vous pourrez faire pour eux par la suite pour que les relations soient les meilleures! Il faudra donc renouveler le même type d'entretien que ceux menés avec les autres interlocuteurs.

Les clients et les fournisseurs de l'entreprise

On les oublie souvent mais ils sont à prendre en compte, ô combien! Leur regard quelque peu extérieur vous apportera un autre éclairage dont le croisement avec tous les autres enrichira votre perception. Eux aussi ont des choses à vous dire qui comptent! Et si vous savez les écouter, non seulement ils vous en sauront gré mais ils auront une idée très positive de votre initiative. Vous vous en ferez des alliés plus forts et, ainsi, vous disposerez d'une source permanente d'informations utiles pour vous comme pour eux.

SAVOIR-VIVRE = EFFICACITÉ PROFESSIONNELLE

CE QU'IL FAUT POUR QU'UN PREMIER ENTRETIEN SOIT MENÉ AVEC PROFESSIONNALISME ET ÉLÉGANCE

1. Remercier son interlocuteur du temps qu'il va vous consacrer : « Merci beaucoup de me recevoir et du temps que vous voulez bien me consacrer... »
2. Dire en quelques mots qui l'on est : « Si vous me le permettez, je vais vous dire en trois mots qui je suis... »
3. S'intéresser au parcours de votre interlocuteur : « Et vous-même, quel est votre parcours... quelles en sont les différentes étapes ? Je suis très impatient de vous connaître... »
4. Poser de bonnes questions pour comprendre : « Vous avez fait allusion à telle ou telle expérience qui semble vous avoir passionné(e), comment cela s'est-il passé, pouvez-vous m'en dire un peu plus... ? » →

5. Remercier par écrit dans les deux jours qui suivent : voir l'exemple plus bas.

Une seule règle : écouter deux fois plus que l'autre ! Donc parler deux fois moins que l'autre !

En résumé, cherchez la proximité, pas la promiscuité !

Cherchez ardemment la proximité de ceux avec qui vous allez travailler au quotidien ! Elle seule peut vous apporter ce que vous ne possédez pas à l'entrée dans l'entreprise : la masse d'informations nécessaires dont vous avez besoin pour bien travailler, sur le contexte de l'entreprise, sa stratégie, ses produits, ses rouages, son histoire, ses partenaires, ses personnages et leurs parcours, leurs relations...

Comment faire sans cette information sinon naviguer à vue ? Au fond, on pourrait dire que tout **votre art de déployer de bonnes manières dans l'entité que vous rejoignez, consiste à vous transformer en sociologue, en historien et en psychologue d'un « patient » qui s'appelle l'entreprise.** Vous aurez à cœur de la comprendre de l'intérieur avec force analyses et, dans un deuxième temps, un esprit de synthèse afin de voir clair dans toutes ces informations.

Et puis, faut-il ajouter que c'est le meilleur moyen de vous créer, dès les premiers jours, ce réseau de relations, de partenaires, voire d'amis qui seront autant d'appuis puissants pour bâtir votre avenir dans cette nouvelle entreprise ? Si vous ne le faites pas au démarrage, tout sera plus difficile par la suite.

Mais attention : ne cherchez pas, à ce stade, à trop entrer dans l'intimité de l'autre ! Vous n'y avez pas encore été invité. Sachez respecter l'autre que vous ne connaissez que depuis peu et qui ne saurait accepter d'entrée de jeu que vous vous immisciez dans son intimité. Ceci est vrai avec tous ceux que vous allez rencontrer. Gardez-vous de questions qui vont trop loin.

Pour les questions personnelles, attendez qu'ils les abordent. Si l'un d'eux vous dit : « Êtes-vous marié(e), avez-vous des enfants… ? », vous êtes de la sorte invité à poser en retour la même question. Mais, avec un supérieur, restez prudent sur ce genre de questions. Il a de fait un « droit » sur vous qui est celui de s'intéresser à vous sur le plan personnel, sans bien sûr que cela n'aille trop loin. Si tel était le cas, il serait en faute ! Quant à vous, remettez à plus tard les questions personnelles que vous souhaiteriez lui poser. Attendez d'être plus proche !

Danger parfois…

Restez discret dans vos questions surtout lorsqu'il s'agit d'éléments de leur vie personnelle. D'ailleurs si celui-ci s'avisait de se répandre sur sa vie privée, sachez rester sur la réserve, ne pas faire de commentaire et garder le silence… Car malheureusement, quelqu'un qui se serait trop livré à vous pourrait dans un deuxième temps vous en vouloir d'en savoir trop sur lui !

Et puis n'oubliez jamais de remercier !

Il vous faut absolument remercier chacun de vos interlocuteurs de l'entretien que vous avez eu avec eux, au-delà du remerciement oral lors de l'entretien. Vous pouvez par exemple envoyer le lendemain ou le jour suivant un mail très court du genre :

Chère Madame ou cher Monsieur,
(ou encore Chère Claire ou Cher Jean)
Merci beaucoup du temps que vous m'avez consacré.
Grâce à cet échange, je me sens conforté(e)
au démarrage de cette nouvelle étape professionnelle.
Je serai toujours très heureux de vous retrouver pour
un nouvel échange et vous tiendrai au courant
de l'avancée de mes projets.
Bien à vous, XX

En procédant ainsi, vous marquez le coup en vous distinguant des autres qui n'auront peut-être pas eu cette bonne idée de remercier de manière formelle. Et en remerciant de la sorte, vous montrez à votre interlocuteur l'importance qu'un tel entretien représente pour vous. Il fait désormais partie de ceux qui auront contribué à votre essor dans cette nouvelle aventure professionnelle ! Ce n'est pas anodin et c'est ainsi qu'une relation durable peut s'instaurer.

Mauvais choix de priorité, mauvais exemple...

Lorsque Marie fut appelée par son patron en cette fin de journée, sa première idée fut qu'on allait la complimenter sur la façon dont elle s'était investie dans son nouveau poste.

Depuis trois mois qu'elle avait pris en main son nouveau job, elle s'était littéralement « défoncée » ! Elle le sentait tellement ce job que, dès le départ, elle s'y était mise avec la plus grande des ardeurs. Elle arrivait tôt le matin, avant tout le monde, partait tard, après tout le monde, déjeunait sur le pouce dans son bureau la plupart du temps avec pour seule distraction de relire ce qu'elle avait produit le matin même... Sur le plan personnel, elle avait renoncé à sortir le soir avec ses amis en se disant que ce ne serait que partie remise... →

C'est pourquoi, si pleine de la satisfaction du devoir accompli en pénétrant dans le bureau de son patron, elle fut comme estomaquée par son accueil un peu glacial : « Je voulais faire le point avec vous Marie parce que je ne suis pas sûr que nous soyons tout à fait en harmonie vous et moi concernant votre job… les échos que j'ai sur votre intégration dans l'équipe ne sont pas bons… je ne sais pas comment vous expliquez ce sentiment, comment dire… d'hostilité à votre égard, qui m'a été rapporté à plusieurs reprises. Vous devriez sans doute faire plus d'efforts vis-à-vis des autres semble-t-il ! Avez-vous une explication à me fournir et comment comptez-vous vous y prendre pour améliorer la situation ? »

Inutile de dire que pour Marie, ce soir-là fut une leçon : sans doute avait-elle par trop négligé la relation avec les membres de l'équipe dont elle faisait partie. Une négligence certes de bonne foi, pour la bonne cause ! Mais dont les conséquences auraient pu la conduire dans une impasse !

En quelques semaines Marie a fait deux choses : de concert avec son patron, elle a mis son travail pendant un certain temps « sous le coude » et elle a mis en place un plan « Orsec » pour retourner la situation dans le domaine relationnel : rendez-vous de travail, déjeuners, participation tous azimuts à tout ce qui contient l'idée de convivialité. Marie a mis le paquet pour se reforger une solide réputation auprès de ses proches. En quelques semaines, elle a remonté la pente au grand contentement de son patron !

Objectif n° 2 : formaliser tous les soirs vos premiers pas dans l'entreprise ou l'entité nouvelle

Pour donner les meilleures chances à votre découverte de cette entité nouvelle et des « enquêtes » que vous avez menées, il vous faut mettre par écrit le résumé de chacun des entretiens que vous avez eus dans la journée. Vous devez pour ce faire utiliser les notes que vous avez prises.

Pourquoi et comment formaliser vos entretiens ?

Durant la prise en main de ce nouveau poste, vous allez rencontrer de nombreuses personnes. Vous ne pourrez pas tout retenir. Nous vous conseillons donc de mettre par écrit les points marquants de chacun des entretiens. Vous verrez qu'au fil de ces entretiens, vous allez faire quelques constats sur l'entreprise qui pourront non seulement vous servir mais aussi servir votre manager, l'équipe dans laquelle vous êtes, l'entreprise même qui peut avoir de l'intérêt à intégrer les remarques d'un nouvel arrivant qui a fait l'effort de ce travail d'analyse. C'est à peu près ce que l'on attend d'un homme de conseil à qui l'on demande d'apporter son point de vue extérieur à l'entreprise. Un point de vue reposant sur un diagnostic fait à partir de rencontres variées, avec la prise en compte des réalités de tous les jours. De multiples et précieuses informations dont le croisement va se révéler très riche !

Nous vous conseillons même, au-delà de la formalisation de ces rencontres avec ces nouvelles réalités pour vous, de faire un travail de synthèse. Ce travail de synthèse doit être fait au terme de ces premières rencontres. Il s'agit d'une synthèse sur ce qui vous apparaît essentiel et qui mérite d'être mis par écrit. Cela peut concerner un point de force et/ou de fragilité concernant l'objectif de l'entité à laquelle vous allez appartenir ou bien une série de constats qui montreraient l'intérêt de développer telle ou telle action. Ces faits doivent être indiscutables pour ne pas créer une polémique. Et vous devez les présenter avec humilité de telle sorte que tout ceci soit reçu non comme une critique négative qui serait du plus mauvais effet mais plutôt comme une contribution positive de votre part à la compréhension de l'entreprise. N'en faites pas état à tout le monde mais réservez-la dans un premier temps à votre supérieur hiérarchique. C'est à lui de décider de la suite à donner à vos observations.

SAVOIR-VIVRE = EFFICACITÉ PROFESSIONNELLE

Sachez vous « obliger » régulièrement à un « rapport d'étonnement »

Les deux avantages d'un travail de formalisation des premiers entretiens dans une nouvelle entité :

Pour vous : cela vous permettra de disposer d'une vision plus claire de l'entité que vous venez de rejoindre.

Pour l'entreprise : votre travail, qui vous a pris du temps, lui permettra de disposer d'un éclairage nouveau. C'est votre première contribution à une recherche d'efficacité de cette entité et une manière fort courtoise d'entreprendre les choses.

En résumé, « les manières sont tout » !

Dès votre entrée dans l'entreprise, dans un nouveau service, département..., **faites le choix de tout miser sur le relationnel** avant de vous investir dans la technique. Sachez considérer que la vie dans l'entreprise c'est d'abord et avant tout de l'humain. Que ce qui fait la différence, c'est la manière. La manière de mener ses relations. Ce n'est qu'ensuite qu'interviendront vos compétences et votre puissance technique. Si vous faites l'impasse sur le relationnel en vous concentrant sur les seuls aspects techniques, vous vous compliquerez la tâche. Car, curieusement, ce n'est pas ce que l'on attend de vous au démarrage. Ce que l'on attend de vous c'est d'être aimable et d'être celui qui a su créer de bonnes relations policées. « Les manières sont tout »* disait Talleyrand... Ne l'oubliez jamais !

* Cité par Alain dans *Propos sur le bonheur*, Gallimard, « Folio essais », 1928, page 12.

2 Au quotidien : les attitudes efficaces

Quoi de plus banal dans l'entreprise ? Traverser le hall d'accueil, retrouver des collègues au restaurant d'entreprise, croiser votre directeur général ou une assistante dans un couloir… Ce sont pourtant ces situations anodines et quotidiennes qui vont construire votre réputation, jour après jour, sans que vous y preniez garde et qui vont développer votre image. Et ce auprès du plus grand nombre de personnes de votre entreprise, déterminant ainsi la nature de leurs réactions futures vis-à-vis de vous.

Sur toutes ces situations et autres circonstances que vous rencontrerez, il vous faudra donc être vigilant !

Sans le vouloir et sans même ouvrir la bouche, nous donnons une image de nous !

Tout ce que vous faites ou ne faites pas, tout ce que vous dites ou ne dites pas… tout « parle » aux autres, envoie des messages et contribue à construire votre image ! Le fond autant que la forme, les mots autant que l'intonation, les paroles autant que les gestes. →

Tout sera retenu contre vous... ou au contraire tout parlera en votre faveur!

Exemples :

– Vous ne réagissez pas à la remarque d'un collègue : cela peut signifier que vous n'avez pas compris, que vous vous en fichez ou bien encore que vous êtes d'accord. En tout état de cause, votre absence de réaction sera interprétée par votre entourage.

– Vous ne dites pas bonjour un matin en arrivant au bureau ; vos collègues en déduiront que vous avez dû vous lever du pied gauche ou que vous avez un souci et ils éviteront de venir vous soumettre un dossier tout de suite ou le feront avec précaution.

– Vous allez souvent déjeuner seul : vous pourriez être taxé de « snob » ou d'individualiste.

Faute de pouvoir tout maîtriser, investissez dans les bonnes attitudes vis-à-vis des autres!

Voici les principes que vous devez impérativement adopter.

Surtout ne pas « louper » l'entrée en matière...

Il est toujours difficile d'aborder les autres. Que dire quand on se trouve dans une réunion où l'on ne connaît personne, que faire quand on croise quelqu'un dans l'ascenseur? Faut-il rester de marbre en faisant semblant de ne pas se voir, englué dans son petit « moi »?

N'a-t-on pas intérêt, au contraire, à prendre les devants, à oser lancer quelques mots pour favoriser le premier contact, à terrasser cette timidité maladive qui, au mieux, nous plonge dans une solitude un peu lourde à porter, et au pire nous englue dans le désenchantement de celui qui rate toujours les occasions...

C'est la raison pour laquelle nous vous conseillons de vous faire violence en vous disant ceci : en osant aborder les autres, je vais faire le plus difficile, je vais créer ce lien salutaire et plein d'humanité qui va, d'entrée de jeu, nous éloigner de la guerre et nous rapprocher de la paix !

« Dans la simple remarque d'une belle journée, on perçoit la grande idée de camaraderie. » Cette phrase de Chesterton, auteur anglais si subtil, montre que cet art du *small talk** n'est pas qu'une simple coutume populaire. Elle est bien plus : une manière savante de commencer une relation en disant de manière tacite : « Considérez-moi comme votre ami, j'en serai enchanté… »

De l'importance de bien dire bonjour

« Quelle ne fut pas ma surprise lorsque les ouvriers de l'atelier m'opposèrent que je ne leur disais jamais bonjour le matin ; alors que je m'efforçais justement tous les jours d'aller systématiquement leur serrer la main… à tous ! » Ce directeur de fabrication avait expérimenté ce qu'il en coûte de mal dire bonjour. Serrer la main ne suffirait donc pas ? Lancer un « Bonjour ! » et y ajouter une poignée de main devrait pourtant lever toute ambiguïté !

Eh bien non ! Car un autre élément fait toute la différence : l'INTENTION. Portée par un regard qui témoigne de l'attention à l'autre, par un sourire qui transmet du « bon », par une attitude

* Voir *Le grand art de la petite conversation*, Debra Fine, Leduc.s Éditions.

générale qui consacre un temps, même infime, à l'autre... **Car voici le secret : c'est la personne dans son ensemble qui dit bonjour... avec la voix, la main pour le signifier, le regard, un sourire pour l'appuyer, le cœur pour le densifier.**

Dire bonjour est certes une règle de politesse communément admise dans le monde entier. C'est surtout une façon d'accueillir l'autre, de lui porter de l'attention, au début de la journée, en arrivant dans une réunion, en entrant dans une pièce. Mais alors, il ne serait pas nécessaire de serrer la main ou d'embrasser pour dire bonjour ? Sans doute, et cela peut parfois être très pratique... en cas de pandémie de grippe !

Quelques principes demeurent :

1. Préférez un « Bonjour Isabelle ! » ou un « Bonjour Monsieur ! » à un « Bonjour... » tout court, tellement impersonnel, passe-partout, voire mécanique et sans véritable intention. Remarquez-le par vous-même : lorsque l'on vous appelle par votre prénom, ne ressentez-vous pas quelque chose de différent ? Ne voyez-vous pas immédiatement une intention plus chaleureuse de la part de votre interlocuteur ? Une intention plus empathique, plus à l'écoute ? De plus, un « Bonjour monsieur Untel ! » peut être très pratique, par exemple lorsqu'il y a du monde et que vous voulez vous adresser plus particulièrement à ce monsieur Untel.

2. Regardez la personne à qui vous dites bonjour. Même un bref coup d'œil peut suffire : il y a tellement de personnes qui disent bonjour en repérant en même temps les alentours afin d'y trouver l'autre personne à ne pas manquer ! Donc regardez la personne et consacrez-lui au minimum un quart de seconde ainsi qu'un sourire, même léger...

3. Embrasser ou serrer la main ou encore ni l'un ni l'autre? Dans le doute, privilégiez la poignée de main; il vous sera plus facile de glisser ensuite vers une embrassade en prétextant votre retenue respectueuse de prime abord. À noter que l'inverse est plus délicat. Et s'il s'agit d'un homme vis-à-vis d'une femme, ou encore de deux personnes ne se connaissant pas bien, quiconque souhaitant donner à l'autre une marque de respect attendra qu'il lui tende la main. Il évitera donc d'arriver main tendue.

4. Et enfin, en vrac, quelques mauvaises habitudes à éviter.
   - Les clins d'œil faussement complices : si vous avez une complicité réelle avec la personne saluée, le clin d'œil sera superflu. Dans le cas contraire, toute attitude excessive risque d'être vécue comme déplacée, voire agressive. Cultivez plutôt simplicité et authenticité.
   - Le hurlement pour se faire entendre de loin : préférez un geste de la main qui se voit bien et accompagnez-le d'un sourire qui se verra, ou se devinera, même de loin.
   - Le « M'sieur Dames » ou le « Bonjour M'sieur Dames ». Vous pourrez préférer le : « Bonjour à tous… » ou même parfois, si le cas s'y prête : « Mes amis, bonjour… »
   - Quant au « Salut ! », réservez-le aux personnes que vous connaissez bien.

Entendu au sujet du directeur général de filiale française d'un grand groupe international…

« Quand il nous dit bonjour, on a l'impression d'être la seule personne au monde qui compte pour lui… c'est incroyable ! »

Dire bonjour dans certaines circonstances...

Dans l'ascenseur : rendez ce moment de promiscuité plus agréable qu'il ne l'est souvent par un « bonjour » ou un « bonsoir » collectif, ou encore un « bonjour Madame ou Monsieur ». Ou bien encore « bonjour à tous ».

Un « bonjour Untel » en entrant dans l'ascenseur s'il n'y a qu'une personne ! C'est une façon de rompre la glace et d'éviter d'avoir à garder le regard fixé sur ses chaussures, ou au plafond, pendant tout le trajet. Vous pourrez aussi conclure ce bref trajet en commun par un « Bonne journée, Madame » ou « Bonne soirée, Untel » ou encore « Au revoir, Monsieur ».

En arrivant à une réunion : prenez le temps de dire bonjour à chacune des personnes présentes en donnant votre nom, l'intitulé de votre poste (ou bien la nature de vos responsabilités) en guise de présentation ; donnez votre carte de visite dans un deuxième temps. Pour une réunion interne, efforcez-vous de passer en revue visuellement l'ensemble des participants pour dire des « bonjour Untel ! » ou faire un signe à ceux que vous n'aurez pas encore vus de la journée. Si vous arrivez en retard, vous vous contenterez de vous excuser en vous faisant le plus discret possible (voir *La ponctualité*, p. 49 et *Participer à une réunion*, p. 89).

Et la carte de visite ! Un bonjour est parfois accompagné ou rapidement suivi de la présentation d'une carte de visite. Prenez donc le temps de considérer cette carte de visite qui vous est tendue, de lire le nom inscrit, l'intitulé du poste ou des diplômes qui y figurent, les labels et certifications qui y sont reportés. S'il s'agit d'une marque d'attention, c'est aussi un précieux moyen d'éviter ultérieurement une bourde, d'adapter votre discours ou, tout simplement, de trouver une entrée en matière. Combien de fois avez-vous découvert, après coup, une information précieuse sur une carte de visite !

Et pour dire bonjour de loin! Vous êtes à l'autre bout du parking, vous croisez quelqu'un en voiture, vous êtes sur l'autre trottoir… faites juste un signe de la main ou de la tête, et avec un sourire ! Inutile de hurler le nom de la personne; en revanche, faire un détour pour aller à sa rencontre sera certainement reçu comme une attention particulière.

SAVOIR-VIVRE = EFFICACITÉ PROFESSIONNELLE

DIRE BONJOUR, C'EST BRISER LA GLACE…

… C'est créer du lien avec son entourage, c'est porter de l'attention aux autres, c'est se mettre en état de capter un « signal faible » venant de l'autre.

… C'est, au-delà de la politesse, manager une équipe, se faire (re) connaître, s'intégrer dans une organisation, prendre le pouls d'une équipe. **Ce petit geste, cet acte quotidien est à la fois son « Facebook » interne, une annonce dans un journal interne, un baromètre social, un acte de management…**

Dire bonjour, c'est aussi s'attirer la sympathie des autres qui seront mieux disposés à vous aider le moment venu, c'est tisser un réseau de liens informels par lesquels transiteront de multiples « signaux faibles » qui vous donneront ensuite les moyens d'augmenter votre influence.

Comment se faire un ami d'un simple signe de tête ?

Fabrice est en mission chez un client pendant plusieurs semaines. Dès le premier jour, l'homme de l'accueil en charge de la sécurité lui adresse un sourire en le saluant. Aussitôt, Fabrice, un peu surpris par tant de politesse, renvoie bien évidemment la pareille. Cet échange se renouvelle le lendemain et, au fil

→

des jours, s'installe entre eux et sans avoir échangé un seul mot, un lien, un début d'amitié...

Jusqu'au jour où Fabrice se trouve dans la difficulté. En voulant franchir le portillon de sécurité, il ne trouve plus son pass, se retourne vers l'accueil qui, ne le connaissant pas, refuse de le laisser entrer... Un énervement s'ensuit car Fabrice est pressé, la Direction l'attend, il ne peut donc arriver en retard.

Arrive le gardien (l'ange gardien ?), avec qui il n'a pas échangé un seul mot pendant toutes ces semaines mais qui est déjà son complice, son ami véritable !

Celui-ci se met en quatre et, en un tournemain, dénoue la situation en arguant de la « bonne connaissance » qu'il a de Fabrice, depuis si longtemps !

Une bonne communication pour de bonnes relations

Tout échange professionnel suppose pour chacun d'adopter un mode et des moyens de communication communs, c'est-à-dire qui soient compris par tous. Par exemple, il faut à la fin se mettre d'accord sur des points aussi simples que : qui fait quoi, quand se revoit-on, où, avec quel objectif, etc. ?

Or, vous le constaterez maintes fois, rien dans l'entreprise n'est jamais aussi **précis** que ce qu'exigent la plupart des situations. Parce qu'on croit que tout ce qui a été dit a été entendu, que tout est clair dans l'instant sans voir que le lendemain rien ne le sera autant. Ce qui, inévitablement, produit des zones de flou, des malentendus, des heurts plus ou moins importants mais qui entravent toujours le cours des choses.

Mais le plus grave dans ce type de circonstance, ce sont les conséquences sur la qualité des relations qui, au fil des frictions, ont tendance à se dégrader. Nous étions partis unis, dans la douceur d'un projet enthousiasmant, bref la fleur au fusil… et nous voici dans la guéguerre, la rétractation, le repli sur soi et l'immense déception d'un projet qui tourne au vinaigre.

Dans ce genre de situation, ne vous trompez pas d'ennemi ! Ce n'est pas l'autre, c'est vous d'abord et l'autre ensuite mais dans ce trait qui vous est commun : **l'absence d'exigence** sur l'accord que vous avez passé, sur la prochaine échéance, sur l'heure et le lieu du rendez-vous, sur… C'est une certitude : sur la prochaine étape, **il faut une exigence de précision.**

Du beau travail mais sans concertation…

Ce jour-là, Paul réunit deux de ses collaborateurs : il y a urgence, il s'agit de chiffrer pour le lendemain les résultats d'une activité pour le grand boss. Paul est aux abois car sa journée est pleine de rendez-vous. Ses deux collaborateurs sentent la pression qui pèse sur Paul, conviennent avec lui de prendre en main les choses et repartent, chacun de son côté, avec l'intention de répondre à ses attentes.

Chacun se met à bosser au plus vite avec toute l'ardeur que requiert la situation. Puis dès l'aube, ils débarquent dans le bureau de Paul, chacun avec sa copie, fiers du travail accompli. Réaction un peu déçue de Paul : « Oui, c'est bien mais… comment dire, je m'attendais à ce que vous vous concertiez et que vous en fassiez une présentation unique… j'ai peur qu'il vous faille tout refaire… »

La faute de Paul ? Son manque de précision sur ce qu'il attendait concrètement.

Un peu de précision dans les consignes est un gage de réussite et un témoignage de considération pour les autres !

Optez définitivement pour le sourire, la sympathie et l'enthousiasme

Quoi que vous fassiez, quelles que soient les circonstances, il est toujours préférable d'opter pour le sourire, la sympathie et l'enthousiasme que de « faire la gueule », de choisir l'antipathie et l'indifférence, le détachement ou encore le pessimisme.

Sur ce sujet, demandez-vous ce qu'attendent les gens qui sont autour de vous ? Croyez-vous un instant qu'ils ont envie de côtoyer quelqu'un qui n'est jamais content, qui marque de la défiance vis-à-vis des autres, qui préfère rester seul « dans son jus », loin du genre humain, quelqu'un qui n'envisage les choses que sous un angle mort, sans l'ombre d'une parcelle de joie de vivre ? Il me semble plutôt que ceux qui sont autour de vous attendent le contraire ! Je dirais même avec avidité.

Le bon exemple : ces bonnes attitudes constituent en effet ce minimum que vous devez produire pour faire en sorte que la vie dans l'entreprise soit vivable pour tous autour de vous. C'est un effort de convivialité auquel nous sommes tous conviés pour que les choses roulent dans le bon sens ! Afin que tous aient envie de vous imiter dans ces bonnes attitudes. C'est là le miracle du bon exemple que vous allez donner : par le simple jeu du mimétisme, il sera suivi par d'autres.

Et puis, dites-vous que l'entreprise est remplie de Cassandre* en tout genre, de gens critiques dont le sport favori est de repérer l'erreur, de pessimistes patentés qui annoncent l'orage par grand beau temps… Il faut savoir certes écouter tout le monde

* Princesse grecque ayant reçu d'Apollon le don de prophétie.

mais il faut savoir aussi garder ses distances car ce qui vous est demandé, ne l'oubliez pas, c'est de faire avancer les choses !

L'histoire du dénommé « marchera pas »...

Alexandre était un garçon des plus intelligents. Il avait une capacité de compréhension fulgurante des situations et des problèmes. À tel point que le management de son entreprise aimait à lui soumettre ses projets. Avec un sens aigu de la critique et une forte capacité à se projeter dans l'avenir, il semblait voir tout ce qui allait arriver ! Tout ? Non, juste les mauvaises conséquences ! C'était un peu comme si son cerveau excluait a priori tout ce qui pouvait ressembler de près ou de loin à du positif. Si bien qu'au bout d'un moment, non seulement aucun des projets qui lui étaient soumis ne trouvait grâce à ses yeux mais en plus ils étaient aussitôt enterrés. À ce rythme, son entreprise se trouverait bientôt sans projet de développement abouti et finalement un jour ou l'autre hors course.

C'est l'un des responsables de l'entreprise qui fut alerté par la façon dont Alexandre s'y prenait pour mettre systématiquement un terme aux projets qui lui étaient soumis. En terminant ses critiques, il disait toujours d'un œil sombre et en bougonnant : « Ça marchera pas ! » Il le disait tellement souvent qu'il fut rapidement affublé de ce sobriquet. Il passait dans le couloir et chacun pensait : tiens, voilà « marchera pas » !

Malheureusement pour lui, sa clairvoyance s'arrêtait là où son pessimisme caractériel prenait le dessus. Pour lui, la noirceur des choses couvrait irrésistiblement leur blancheur. Il ne pouvait pas s'en empêcher, si bien qu'un jour, son rôle dans l'entreprise a été remis en cause.

Choisissez de voir la bouteille à moitié pleine, c'est beaucoup plus excitant qu'une bouteille à moitié vide !

Le tutoiement ou le vouvoiement ?

« Jeune ingénieur frais émoulu de mes études, et d'un service militaire obligatoire et strict sur les conventions et les règles, quelle ne fut pas ma difficulté à tutoyer le Président fondateur du cabinet de conseil en management réputé que je venais de rejoindre ! Je me mis donc à balbutier, à passer du « tu » au « vous » au sein d'une même phrase dès que je me retrouvais devant cet homme de trente ans mon aîné et professionnellement plus aguerri que moi. »

Dans ces moments, se concentraient des références éducatives personnelles, des références culturelles liées aux différences de génération, des usages d'une entreprise où le « tu » prévalait quel que soit le statut.

L'usage du vouvoiement ou du tutoiement est en effet une affaire de culture, de milieu social, de tradition, etc.

Donc, le premier conseil est d'écouter pour décoder les usages d'un environnement que vous ne connaissez pas encore suffisamment. Ensuite, dites-vous que l'on ne vous en voudra jamais de vouvoyer quelqu'un que vous rencontrez pour la première fois, y compris si ce dernier vous demande de le tutoyer.

Et enfin, pour passer du « vous » au « tu », attendez que le contexte s'y prête : une collaboration étroite et significative, un partage de points de vue ou de valeurs, etc. Proposez simplement de passer du vouvoiement au tutoiement : « Nous pourrions peut-être nous tutoyer ? »

Vous avez peut-être remarqué que le « vous » apporte une note de respect et de considération, et pas uniquement de la distance ou un côté ringard comme cela peut parfois être dit. Alors, sachez aussi utiliser le « vous », y compris quand le tutoiement est de rigueur.

Mais attention !

- Rester longtemps campé sur le « vous » alors que tout le monde se tutoie, risque aussi de vous mettre à l'écart et de vous donner une image conventionnelle ou hautaine.
- De même, si vous souhaitez que l'on vous vouvoie, alors vouvoyez les autres, y compris dans le cadre d'une relation hiérarchique.
- Vous pouvez aussi marquer la différence en choisissant le « vous » ou le « tu » au sein d'une même équipe... mais cela n'est pas anodin et peut renforcer la différence d'âge, le décalage de niveau hiérarchique, l'ancienneté ou la proximité de la relation !

Vous croisez un collègue...

Dans votre entreprise, comme dans la vie en général, vous croisez quotidiennement un grand nombre de personnes.

Il y a ceux avec qui vous travaillez quotidiennement et qui vous connaissent bien, votre tempérament, vos humeurs, vos travers. Il y a ceux qui ne vous connaissent pas et qui vont se faire une idée de vous en un quart de seconde ! Il y a ceux que vous connaissez et que vous ne croisez pas souvent car ils se situent plutôt à l'étage de la Direction : ils vous intimident trop ou, au contraire, vous aimeriez vous faire remarquer ? Il y a aussi ceux que vous aviez toujours réussi à éviter jusqu'au jour où... Il y a enfin ceux que vous voudriez « alpaguer » parce que vous n'en aurez peut-être plus l'opportunité avant longtemps. Il y en a certainement d'autres encore...

Y a-t-il des règles, des usages ou des codes à savoir respecter dans de telles situations ? Nous vous en suggérons deux :

1. ***Quelle que soit la météo de votre humeur, gardez le sourire et ayez un mot positif à la bouche !*** Ce sont en effet ces dizaines de rencontres quotidiennes qui vont construire une bonne partie de votre réputation : « Elle a toujours le sourire ! », « Qu'est-ce qu'il est agréable ! », « Il est sympa ce monsieur Untel », « C'est vraiment un rayon de soleil ! ».

   Vous en avez connu des collègues ronchons ou fermés qui avancent dans les couloirs tête baissée, ou qui sortent facilement d'un bureau en marmonnant quelque chose d'incompréhensible mais avec une intonation juste audible qui en dit bien plus long.

2. ***Ajustez votre comportement au caractère fugace de la situation.*** Autrement dit n'en faites pas trop, soyez expressif mais concis, ne cherchez pas à retenir quelqu'un trop longtemps. Si vous voulez faire un compliment, soyez bref et pas trop « lèche-bottes ». Si vous voulez évoquer un dossier, demandez plutôt si vous pouvez passer dans le bureau de la personne. Si vous avez une question à poser, formulez-la d'une façon concise, et si la réponse ne vous convient pas, demandez quand vous pouvez rappeler la personne.

   Vous en avez croisé des collègues qui vous retiennent alors que vous aviez prévu d'aller déjeuner avec d'autres personnes. Vous en avez aussi rencontré des personnes qui se prennent les pieds dans le tapis de compliments trop « épais ».

Elevator pitch*

Vous avez entendu parler de cette façon de se présenter en 30 à 45 secondes, le temps pour l'ascenseur de vous emporter vous et l'un de vos directeurs, dans les étages de la tour de votre société. Si, avant de quitter l'ascenseur, vous entendez le directeur en question vous dire « Appelez mon assistante pour prendre un rendez-vous », c'est gagné !

30 à 45 secondes : c'est le temps nécessaire et suffisant pour dire l'essentiel en ayant de l'impact. Donc, même si votre société est située dans un bâtiment de plain-pied, entraînez-vous à cet exercice de synthèse et de concision.

* « Se lancer à parler de soi dans l'ascenseur » ou mieux, « 30 secondes pour se présenter ».

Savoir se mettre dans le pli vestimentaire de l'entreprise

Juste une question de coutume ? La question des vêtements est au fond assez simple : il existe dans toute entreprise ou parfois dans un secteur ou dans certaines fonctions des habitudes qu'il s'agit de repérer et auxquelles il convient de se conformer. Il ne s'agit nullement de croire qu'il faut absolument faire comme tout le monde et se vêtir comme si on intégrait un régiment.

Quel est votre intérêt dans cette affaire ? Il s'agit plutôt de se dire qu'il est de votre intérêt de ne pas prêter le flanc à quelque critique que ce soit concernant votre façon de vous habiller si, d'aventure, vous aviez le goût de vêtements par trop décalés par rapport au style ambiant.
Choisissez de ne pas choquer, surtout en arrivant dans

l'entreprise. Vous aurez bien d'autres occasions de vous montrer original : par la pensée, par la créativité et par l'action !

Un exemple ? Vous allez intégrer une banque d'affaires anglo-saxonne. Tournez le dos à toute forme d'excentricité ! Choisissez plutôt de porter des vêtements stricts, costumes et tailleurs classiques. Portez des chemises ou chemisiers blancs. Ce qui ne vous empêche nullement de porter des cravates ou des foulards aux couleurs les plus flamboyantes si ça vous chante…

Si, à l'inverse, vous intégrez une entreprise dans le secteur des médias, de l'informatique, vous aurez sans doute une latitude plus grande pour le choix de vos vêtements. Dans ces secteurs, porter un jean et des vêtements de week-end convient parfaitement. Mais avant de les arborer, vérifiez en interne quels sont les us et les coutumes…

Quoi qu'il en soit, optez pour la propreté, pour l'harmonie des couleurs et pour la sobriété ! Ça vaudra mieux qu'opter pour la saleté, des couleurs qui font loucher ou l'extravagance…

Et la cravate ! De plus en plus d'hommes prennent des libertés avec ce qui semble ne plus être l'accessoire indispensable du costume masculin. Ne voit-on pas depuis quelques années des journalistes présenter le Journal Télévisé sans cravate, ou des hommes politiques se présenter sans cravate… en dehors de l'hémicycle ? Il s'agit, là encore, d'être cohérent avec soi-même et de ménager des coutumes, de respecter certains lieux, certaines situations… et de rester correct et propre vis-à-vis des autres.

Sans cravate, vous éviterez donc de déboutonner plus d'un bouton de votre chemise. Vous aurez d'ailleurs toujours une cravate dans un tiroir de votre bureau, au cas où. Vous vous imposerez quelques principes comme, par exemple : mettre systématiquement une cravate chez un client, en comité de direction, en réunion avec des partenaires extérieurs, etc.

Le cas du *Casual day* ou le *Friday wear* : dans certaines entreprises, il est d'usage, le vendredi, veille du week-end, de jouer la carte de la relâche ! Ce jour-là, chacun peut venir dans une tenue plus décontractée. Il s'agit de remplacer son triste complet trois pièces par une tenue plus campagnarde, plus colorée et d'oser venir sans cravate !

Pour autant, vous faut-il aller jusqu'à venir en jean crasseux ? Sûrement pas ! Le *Casual day* ou le *Friday wear* est juste un moment de détente destiné à changer légèrement les choses et les conventions. Mais attention, on est encore là pour travailler : l'esprit de sérieux reste de mise dans l'entreprise ce jour-là !

La ponctualité

La ponctualité est, avant tout, **une affaire de respect** : de respect de ceux qui organisent le rendez-vous, la réunion ou le déjeuner, de respect pour les autres invités de cet événement, et en particulier ceux qui se seront organisés pour arriver à l'heure, et, enfin, de respect de soi et de ses engagements.

Certes, vous êtes peut-être en permanence « à courir après le temps ». Votre activité professionnelle vous rend tributaire de nombreux imprévus. La ponctualité est le résultat des priorités que l'on se définit. Est-ce que l'optimisation de mon temps personnel doit sacrifier la prise en compte des contraintes des autres ? Est-ce que l'atteinte de mes objectifs personnels a plus de valeur que l'accomplissement d'un projet collectif ? Est-ce que mes préoccupations personnelles de l'instant méritent plus d'attention que mes engagements pris vis-à-vis des autres ?

Si la réponse est oui, ce livre tout entier ne vous concerne pas. Car s'il est bien un élément factuel et incontestable qui se situe en toile de fond de la plupart des relations interpersonnelles en milieu professionnel, c'est le TEMPS ! Les agendas… partagés, en sont la preuve.

Malheureusement, ou heureusement aussi, nous ne sommes pas tous faits de la même manière. Pour certains, l'anticipation du temps, la planification, la programmation des tâches, le suivi des réalisations est leur mode de vie préféré. D'autres, au contraire, ne peuvent concevoir leur vie sans rester ouverts aux opportunités, agir au dernier moment ou sous la pression, démarrer plusieurs choses à la fois, etc.

Et si les seconds auront toujours une bonne raison d'arriver en retard ou, au mieux, pile poil à l'heure mais un peu essoufflés, les premiers seront souvent déjà là, attendant depuis un quart d'heure, sans même regretter la communication téléphonique ou le café qu'ils auraient eu le temps de prendre.

Voici donc quelques recommandations de bon sens :

- Si vous êtes sujet au retard, trouvez-vous des alliés à qui vous demanderez de vous faire un compte à rebours : « Patrick, il faut que tu partes d'ici 10 minutes ! », ou « On démarre la réunion dans 5 minutes ! ».
- Quand le « mal est fait », prévenez de votre retard ou bien faites prévenir de votre retard ; et soyez honnête, annoncez tout de suite votre réelle estimation du retard plutôt que de plonger une deuxième fois vos interlocuteurs dans une attente incertaine.
- Lorsque vous arrivez en retard, demandez à vos interlocuteurs de vous excuser, plutôt que de chercher à tout prix

une excuse, ou une justification vaseuse pour ce retard.

- Si vous êtes effectivement en retard pour une véritable raison, et que votre retard ne peut être estimé, prévenez et proposez une solution : démarrer une réunion sans vous, reporter un rendez-vous, bouleverser un ordre du jour, etc.

Et si vous êtes dans la situation de devoir gérer le retard d'autres personnes. Faut-il commencer une réunion sans tous les invités ? Faut-il se venger en faisant, à son tour, patienter la personne en retard ? Faut-il, à votre tour, « poser un lapin » à votre invité ?

- **Première recommandation :** ne cherchez pas à adopter le même comportement irrespectueux pour lui donner une leçon et « lui montrer ce que cela fait ». Laissez pour les cours de récréation d'école primaire les attitudes du type « toi-même ! ». Non seulement cela n'aurait aucun effet positif sur l'autre mais, de plus, cela ne ferait que vous mettre dans une situation de malaise.
- **Deuxième recommandation :** ne rentrez pas dans le rôle de la victime de ce manque de respect, vous ne feriez que vous enfermer dans un cercle vicieux où l'un serait la victime et l'autre le persécuteur : cette situation est sans issue positive.
- **Troisième recommandation :** ne laissez pas les retardataires imposer à leur entourage leur notion du temps. Ceux qui se sont organisés pour être à l'heure, et à commencer par vous, ont le droit de ne pas être pénalisés par ces retards : inutile donc de saboter une réunion ou un rendez-vous du fait de retardataires.
- **Quatrième recommandation :** envisagez objectivement la meilleure solution à adopter pour progresser dans cette situation imprévue, sans vous interdire une solution pénalisante pour certains, mettez-la en œuvre et communiquez objectivement sur les raisons qui vous ont amené à faire ce choix.

Ainsi vous pourriez :

- Démarrer une réunion sans attendre les retardataires, mais en les rassurant sur le fait qu'ils auront un compte rendu.
- Bousculer l'ordre du jour d'un rendez-vous pour tenir compte de l'absence d'une personne indispensable et ne pas rallonger une réunion.
- Annuler et reporter une rencontre du fait du temps restant insuffisant pour traiter correctement le sujet.
- Mentionner simplement aux retardataires l'impact de leur retard sur le travail collectif,
- Transformer un déjeuner assis en un déjeuner sur le pouce pour « profiter » du moment de retrouvailles en tenant compte de la nouvelle contrainte de délai.

Les récidivistes peuvent aussi être « exclus » de certains événements pour être associés différemment : par écrit par exemple, avec un document préparatoire à la réunion, un compte rendu de la réunion qui leur est adressé...

SAVOIR-VIVRE = EFFICACITÉ PROFESSIONNELLE

Transformez le bouleversement imprévu en opportunité !

Vous disposez de moins de temps que prévu : c'est l'opportunité d'aller à l'essentiel.
Il manque certaines personnes clés à votre réunion de travail : c'est l'occasion de vous intéresser plus particulièrement à ceux qui sont présents.
Il est trop tard pour s'asseoir à une table de restaurant : aller au bar et découvrez votre invité sous un autre jour.
Il y a toujours un côté positif à un imprévu : cherchez-le !

Partager un bureau ou un espace de travail

Avez-vous eu la malchance de toujours avoir un bureau individuel, pour vous tout seul, avec votre organisation et votre décoration ? Ou bien avez-vous déjà eu le plaisir de partager un bureau avec deux, trois ou quatre personnes, ou encore la joie de connaître la vie en communauté dans un open space ?

Un bureau pour soi tout seul ! C'est souvent le rêve de ceux qui sont obligés d'en partager un, l'improbable solution « miracle » aux conflits de voisinage, ou encore un des attributs visibles du chef... mais c'est aussi un lieu qu'il faut savoir personnaliser sans excès, dont il faut savoir sortir, dans lequel il faut savoir accueillir les autres, dont il faut savoir laisser la porte ouverte (ou fermée parfois !), qu'il faut savoir mettre à disposition en cas de besoin, etc.

Dans un bureau partagé ou un espace ouvert, plus de problème de mur à franchir ni de porte à ouvrir ; au contraire, vous voyez tout ce qui se passe – qui est là ou qui est occupé – vous pouvez faire un signe de loin, vous pouvez voir les signes que l'on vous fait, vous entendez beaucoup de choses, vous êtes facilement et rapidement au courant, vous êtes en contact avec votre environnement.

Environ 1 500 heures par an, c'est le temps que l'on passe avec un même groupe de personnes, dans un espace limité. Cela exige le respect d'un minimum de règles de vie commune. Et pour cela pensez à 3 des 5 sens : la vue, l'odorat et l'ouïe.

Faites donc attention à ce qui se voit : les piles de dossiers sur le bureau* et autour du bureau, les objets personnels trop encombrants ou trop voyants, les pieds sur le bureau.

- Efforcez-vous, au minimum, de ranger votre bureau chaque soir en utilisant armoires et tiroirs aux vertus « camouflantes ».
- Si vous ne pouvez vous empêcher de mettre les pieds sur votre bureau, faites-le quand vos collègues ne sont plus là.
- Sélectionnez une bonne photo de ceux qui vous sont chers pour lui donner une place de choix sur votre bureau, et mettez les autres dans un album dans votre tiroir.
- Laissez votre vélo dehors, bien attaché !

Faites aussi attention aux odeurs : les plats cuisinés déballés sur le bureau, les parfums d'intérieur ou les parfums (tout court) très forts ou vaporisés en grande quantité.

- Les plats réchauffés sont en général à proscrire, préférez sandwich ou salade dans le bureau.
- Proscrivez les bâtonnets d'encens et les parfums d'intérieur qui peuvent déranger certains.
- Plus délicat, si vous avez tendance à abuser de l'eau de toilette ou bien à être avare de douche, soyez compréhensif si quelqu'un tente maladroitement de vous le faire savoir.

Enfin, faites très attention à ce qui s'entend : une voix forte, une conversation téléphonique animée, des éclats de rires.

- Les voix fortes et celles qui « portent » doivent être apprivoisées pour être plus discrètes.
- Les conversations téléphoniques animées ou très personnelles doivent être passées d'un bureau isolé ou d'un portable à l'extérieur du bâtiment.
- Un bel éclat de rire ne fait jamais de mal, des séries d'éclats

---

* Voir le chapitre suivant : *Un bureau rangé : pour soi mais aussi pour les autres!*

de rires deviennent vite insupportables pour ceux qui n'y sont pas associés; prêtez-y attention!

Un espace de travail partagé est une formidable occasion de mieux connaître ses collègues et de développer son savoir-vivre avec d'autres personnes. C'est aussi l'environnement idéal pour mettre en œuvre les bonnes attitudes qui seront ensuite reprises par les autres, pour « faire du bien » aux autres qui vous le rendront ensuite.

Trop tard !

Court dialogue comique entendu au cœur d'un open space.

Patrick en arrivant tout guilleret un matin à son bureau :

« Salut Jean ! Salut Mathieu ! Bonjour Virginie ! Ouh là là, elle a l'air concentrée Catherine ! »

« ... elle était concentrée, Catherine ! » répond la fameuse Catherine, légèrement agacée d'avoir été dérangée dans un travail demandant justement beaucoup de concentration.

Un bureau rangé : pour soi mais aussi pour les autres !

Un peu d'ordre s'il vous plaît ! Ce mot vous l'avez entendu dans votre enfance plus souvent qu'à votre tour, concernant le rangement de votre chambre, de vos affaires, à l'école comme à la maison !

Dans l'entreprise, c'est la même chose, il vous est demandé un peu d'ordre. Pour gérer les dossiers dont vous avez la charge cela va de soi mais aussi pour ce qui concerne votre bureau. Vous n'en avez pas forcément un pour vous tout seul, raison de plus pour être ordonné ! Sinon la vie sera impossible. Dans ce bureau vous allez travailler seul ou avec d'autres, recevoir des personnes, passer du temps au téléphone, vous allez y chercher de temps à autre de la concentration pour réfléchir, rédiger, etc.

De l'intérêt de classer...

Vous allez brasser des dossiers, des informations venant de part et d'autre, des documents, des notes, des publicités, etc. Très vite vous allez crouler sous une montagne de papiers si vous n'y prenez garde. À vous de vous organiser pour classer ces documents. Et tout d'abord en prenant le soin de faire, à la réception des documents venant de l'extérieur de votre bureau, une première distinction :

- les documents venant de la clientèle (externe ou interne) et des prospects,
- les documents venant d'autres provenances.

Pourquoi cette distinction ? Parce qu'il s'agit d'un premier tri nécessaire entre ce qui est impératif et ce qui ne l'est pas ! Tout ce qui vient des clients et prospects doit prendre le pas sur le reste ! Tout ce qui vient d'autres provenances est à faire en second.

Dans un deuxième temps, vous prendrez le soin de créer :

- un dossier par client,
- un dossier par affaire, chantier ou mission,
- un dossier « marché » dans lequel vous mettrez ce qui concerne les acteurs de ce marché : concurrents, les produits, le marketing, etc.,
- un dossier enfin sur la Maison : tout ce qui intéresse de près ou de loin votre entreprise.

D'autres dossiers seront à créer ensuite au gré des impératifs que vous rencontrerez.

Recevoir vos visiteurs

Votre bureau...

Prenez soin de votre bureau. Il est le reflet de la façon dont vous vous organisez. Évitez d'entasser vos documents, vos dossiers même si vous avez le sentiment un peu naïf de vous retrouver dans votre « bazar »... Vos visiteurs, eux, ne s'y retrouveront pas devant des tas de documents encombrant votre bureau. Peut-être même en seront-ils gênés ? Comment, en effet, se concentrer devant tant de désordre ? Il peut donner l'impression à votre visiteur d'être de trop, de ne pas pouvoir s'y faire un peu de place, le temps de la réunion...

C'est pourquoi, vous vous efforcerez, là aussi, par égard pour vos visiteurs, de ne pas laisser un dossier traîner. Et si tel est le cas, veillez à ne pas laisser de nom sur ce dossier. Ne tentez pas le diable ! Faites au contraire en sorte que l'attention de votre visiteur ne soit pas perturbée !

Et votre ordinateur ?

Vous devrez veiller à ne pas faire comme beaucoup de gens qui reçoivent leurs visiteurs avec une partie de leur attention fixée sur leur ordinateur... Cette attitude qui consiste à vérifier de temps à autre durant l'entretien que l'on n'a pas reçu de messages, c'est le comble de l'impolitesse ! C'est un peu comme si vous disiez à votre interlocuteur : « Cause toujours tu m'intéresses… »

La bonne attitude consiste en effet à se détacher de cet ordinateur : tournez-le vers le mur le temps de la visite ! Vous pouvez aussi recevoir vos visiteurs sur une autre petite table si vous en avez une ou si tel n'est pas le cas, les recevoir dans une autre salle de réunion que vous aurez réservée pour l'occasion.

Durant ce temps de visite, faites en sorte que tout soit fait pour satisfaire votre visiteur ! Et, vous le verrez, l'ordre y contribue favorablement !

Et votre téléphone… ?

Fermez-le durant cette visite. Êtes-vous bien sûr que pendant le temps de cette visite, il soit absolument nécessaire d'être joint ? Vous avez bien le temps de récupérer vos messages après. Ce qui d'ailleurs, entre nous, présente un avantage formidable : avec le répondeur, en général, vous connaissez les raisons pour lesquelles vous avez été joint, vous avez donc le temps d'y réfléchir intelligemment plutôt que d'y répondre dans l'urgence de la demande et sans réflexion comme cela arrive trop souvent !

Vous êtes dérangé… ?

Quelqu'un entre dans votre bureau avec une question, l'intention de vous parler… Mais à cet instant, vous n'avez guère de temps, vous cherchez à aboutir dans votre travail, vous êtes concentré sur un gros dossier… sachez, là aussi, dire les choses simplement : « Écoute, je comprends ta demande, mais là je ne peux pas t'aider, je suis sur un dossier pour lequel je n'ai malheureusement pas de temps… peut-on en parler tout à l'heure, au déjeuner ? » Vous vous devez d'accueillir la demande mais aussi faire passer le message que vous y répondrez mais à un autre moment ! Notez la demande dans un coin de votre tête ou sur un Post-it et répondez-y plus tard en prenant l'initiative du contact avec cette personne.

C'est un exercice difficile que de refuser momentanément quelque chose à quelqu'un mais il est indispensable que vous appreniez, avec des formes bien sûr, à vous sortir d'une telle situation !

SAVOIR-VIVRE = EFFICACITÉ PROFESSIONNELLE

Un bureau en désordre...

Faire régner le désordre dans son bureau, c'est dire aux autres : « Soyez les bienvenus dans mon bazar... ce que vous pensez m'importe peu ! » **L'ordre de votre bureau est un hommage rendu à vos visiteurs ou à ceux qui partagent votre espace.**

Nous sommes tous les mêmes : il faut lutter en permanence contre nos petits travers

Parfois, nos mauvaises impulsions prennent hélas le dessus. Et les relations que nous entretenons avec les autres, fussent-ils nos amis, en sont affectées. Elles peuvent en effet se transformer bien au-delà de ce que nous escomptions : attitudes excessives, comportements bizarres, mauvais petits travers qui nous font faire le contraire de ce que nous voulions et de ce qui était attendu…

Bref il arrive fréquemment que nous soyons amenés à perdre le contrôle de notre pensée, de nos paroles, parfois de nos gestes… Et, du coup, nous prêtons le flanc à des comportements inélégants, à la mauvaise grâce dans nos relations avec les autres, souvent même à un renfermement sur soi délétère.

Il s'agit de défauts dont vous pouvez facilement vous défaire : il vous suffit juste de relire les *Fables* de La Fontaine les plus célèbres ou de vous y référer à chaque fois que vous serez confronté à telle ou telle situation évoquée par l'auteur. Vous manquez de souplesse ? Relisez « Le Chêne et le Roseau », vous comprendrez l'intérêt de rester souple !

Vous êtes un foudre de guerre et agissez le plus souvent avec un empressement qui vous rend aveugle ? Plongez-vous dans « Le Lièvre et la Tortue ».

Parfois, votre orgueil vous rend trop plein de vous-même ? Savourez « La Besace » !

QUELQUES FABLES DE JEAN DE LA FONTAINE À RELIRE POUR FAIRE ATTENTION À NOS « PETITS TRAVERS »…

Le Chêne et le Roseau	De l'intérêt de garder de la souplesse
Le Lièvre et la Tortue	Les risques de la précipitation
La Besace	Gare à l'orgueil !
Le Corbeau et le Renard	Le jeu pervers de la flatterie
La Grenouille qui veut se faire aussi grosse que le Bœuf	Ne soyons pas envieux au point de forcer notre talent !

→

Le Coche et la Mouche	Ne vous appropriez pas le travail des autres en faisant du vent !
La Vieille et les deux Servantes	Cessez de vous plaindre, il y a pire !
Le Renard et la Cigogne	Tenez compte des attentes de l'autre !
Le Trésor et les deux Hommes	Les méfaits de l'intérêt personnel
La Cigale et la Fourmi	Les conséquences de la paresse
Le Loup et le Chien	Les dangers de la servilité
Le Meunier, son Fils et l'Âne	N'écoutez pas trop les autres, faites-vous confiance !
Le Pot de terre et le Pot de fer	Cultivez les liens avec vos égaux plutôt qu'avec les puissants
Le Chat, la Belette et le petit Lapin	Gardez-vous des petites « guéguerres », cela est dangereux !
•••	…

Cherchez la fable qui vous « chatouille ».

Avec La Fontaine, vous ne perdrez pas votre temps et vous avez le choix ! Chacune de ses fables est un régal et une invitation formidable à travailler sur soi !

Afin de vous aider sur ces quelques « petits travers » les plus fréquents dans l'entreprise…

Nous vous invitons à réfléchir de temps à autre à ces quelques points. Un peu comme un règlement de vous-même, inscrit quelque part dans votre tête, que vous auriez à cœur de rappeler à votre mémoire le plus souvent !

« Faute avouée à moitié pardonnée » : vous avez commis une erreur ? Assumez-la sans attendre. On peut très bien, lors d'une conversation, la reconnaître immédiatement et, dès lors, la rendre banale : « Pardonnez-moi j'ai dit une ânerie… il me semble que sur tel point vous aviez raison. » Ce qui vous permet de passer à autre chose. Mais ce n'est sûrement pas une bonne chose de s'excuser outre mesure ! N'en faites pas plus que ce qui est attendu, vous mettriez mal à l'aise ceux qui vous écoutent.

Dans le cas où vous vous rendez compte après coup de votre erreur, prenez les devants avec ceux qui, par correction, ne vous l'ont peut-être pas fait remarquer. Un mot écrit par mail par exemple, peut remettre les choses en place. Soignez votre écrit en expliquant rapidement ce qui vous a conduit à dire cela et exprimez votre ralliement à la raison !

Dire du mal plutôt que du bien… C'est le sport favori dans l'entreprise comme dans bien d'autres lieux ! C'est comme ça, les gens préfèrent les ragots aux éloges ! Et même si vous avez de l'humour et comme souvent dans ce cas, vous ne pouvez résister à un bon mot au détriment de quelqu'un, faites attention à ne pas aller trop loin et trop systématiquement dans la propagation de la critique !

Pensez à dire au contraire du bien de ceux qui le méritent : repérez le mérite de celui dont vous allez parler et commencez par l'éloge de ses qualités. Nous ne vous invitons pas à manier en toutes circonstances l'hypocrisie ! Nous ne vous disons pas de faire le flatteur qu'est le renard dans « Le Corbeau et Le Renard ». Non, nous vous invitons plutôt à vous concentrer dans un premier temps sur ce qui fait la valeur de chacun et à en parler de manière très sincère ! Dire du bien des autres, c'est choisir de faire le bien plutôt que le mal : il en reste toujours quelque chose ! Certes, c'est plus difficile de commencer par le bien comme il est plus facile de guerroyer que de faire la paix !

Ne pas tenir ses engagements… Quand on s'engage, on s'engage ! Souvenez-vous de la parole donnée ou du « Tope là ! » Or, dans l'entreprise, vous le constaterez, beaucoup disent « oui » mais bien peu agissent dans le même sens. Aussi lorsqu'il sera question de votre implication dans un travail, de transmettre une information, de tenir une échéance, de remettre un travail à une date précise, soyez scrupuleux ! Faites en sorte d'être celui dont on dit qu'il est fiable !

Et si, pour telle ou telle raison, vous aviez un retard, annoncez-le*. Ceci peut arriver et vous en avez le droit. Anticipez même la livraison de cette information si vous sentez que l'échéance se rapproche et que vous risquez de ne pas pouvoir tenir cet engagement ! C'est une bonne manière d'huiler les rouages relationnels que de prévenir les autres et une marque de politesse que d'agir ainsi avec les autres : vous les préservez des aléas.

La tendance à la paresse, la procrastination, l'inattention… Autant de vilains petits péchés contre lesquels vous devrez rester vigilants. La **paresse** ne nécessite guère d'explications : si vous vous complaisez dans l'inertie, il ne faudra pas vous plaindre du pauvre résultat auquel vous parviendrez. Pour la **procrastination**, elle nous guette tous mais de manière plus retorse : « Je finirai demain ce que je dois faire pour ce soir… » Une manière de déplacer dans le temps une contrainte qui, additionnée aux précédentes, vous retombera sur le nez plus lourdement… Enfin **l'inattention** parce qu'elle brise toute action savamment menée ! C'est en effet dans l'attention que, pour bien des choses, le secret du succès réside : c'est par la qualité de la concentration que vous mettrez dans le travail fait ou dans la relation aux autres que l'excellence se produira.

---

* Voir *La ponctualité* (p. 49).

Ne pas juger mais plutôt chercher à comprendre! Face aux événements et devant toute situation, vous éviterez la tentation naturelle d'émettre un jugement à l'emporte-pièce. Parce qu'il s'agit toujours de personnes, vous préférerez prendre le temps de la réflexion. Et, au lieu de céder à la facilité qu'offre le jugement sans réflexion, vous choisirez d'abord de comprendre comment ce qui est en jeu est arrivé. « Voyons le chemin par où la faute a passé* ». En posant des questions sur les raisons qui ont conduit à de tels choix, de tels comportements, vous en saurez davantage sur la complexité de la situation. Du coup, vous en serez plus fort. Et, en plus, vous apparaîtrez comme celui par qui l'éclairage est arrivé!

Lutter contre l'empressement et l'urgence

Dans l'entreprise règnent la vitesse, l'empressement, l'urgence. Hélas, rien ne semble arrêter cette hérésie du siècle consistant à vouloir que les choses soient faites pour la veille... Et, vous le savez sans doute, derrière cette injonction de l'urgence et le stress qui l'accompagne, il y a un conflit qui sourd et auquel il va vous falloir être préparé.

C'est là un autre paradoxe : le guerrier attend de son ennemi davantage de calme que de violence!

Comprenez que l'urgence est dans la plupart des cas, un masque : c'est le résultat d'un travail en amont mal fait, mal préparé, mal géré.

Il vous faut donc, le temps de l'accueil de la demande :
- garder votre calme,
- puis vous transformer en assistante sociale écoutante et aguerrie...

* Victor Hugo, *Les Misérables*, Gallimard, « Folio », page 60.

Avec un objectif : faire parler le demandeur de sa demande pour en atténuer le caractère impérieux et fixer son attention sur l'échéance en la lui faisant préciser. Vous éviterez ainsi de vous engager sur le chemin de la violence !

Un exemple de situation stressante dans laquelle votre savoir-faire n'aura d'égal que votre savoir-vivre...

Quelqu'un (votre boss) surgit dans votre bureau avec une demande pressante, urgente. Mais à cet instant, vous êtes vous-même sur autre chose d'aussi urgent. Alors, que faire ? La seule solution consiste à prendre le temps de dire : « Je comprends ta demande et son urgence. »

Ajoutez : « Malheureusement, je suis moi-même dans l'urgence car, comme tu le sais, je dois rendre mon travail ce soir. Comment peut-on faire, a-t-on la possibilité d'en parler un peu plus tard ? »

Puis posez immédiatement la question suivante : « Quelle est l'échéance ? Quel temps, a minima, me donnes-tu... est-il possible d'en reparler... par exemple demain matin, dès l'aube ? Cela te va ? »

Tentez de reporter l'attention du demandeur sur l'échéance !

Ne pas inquiéter inutilement !

Mais plutôt chercher à rassurer en permanence. Il arrive parfois que l'on se laisse aller à des propos qui vont trop loin, à des attitudes qui font place à des interrogations inutiles venant de nos interlocuteurs, jetant par là quelques éléments d'inquiétude.

Ceci est très dommage car donner de l'inquiétude, c'est charger l'autre de ce qui n'a pas été suffisamment maîtrisé chez soi ! Le philosophe Alain compare l'art de la politesse à celui de la danse qui ne consiste pas seulement à savoir ce qu'il faut faire mais plutôt à en atteindre la maîtrise : « Il faut que les mouvements soient précis, souples, sans raideur ni tremblements car le moindre tremblement se communique. Et qu'est-ce qu'une politesse qui inquiète ? »*

Ce qui en dit long sur la nécessité de garder le contrôle en toutes circonstances.

SAVOIR-VIVRE = EFFICACITÉ PROFESSIONNELLE

DE L'INTÉRÊT DE MAÎTRISER EN PERMANENCE SES PETITS TRAVERS...

Choisir de contrôler ses « petits travers » dans l'entreprise, c'est faire le choix de l'efficacité.
À tout moment, il faut être sur le qui-vive face à ses propres impulsions et décider d'y résister coûte que coûte. Choisir l'attention à son travail et aux autres, choisir d'être fidèle à ses engagements, choisir de dire du bien des autres, choisir de s'assumer y compris si l'on est en faute, choisir de retenir son jugement premier, de ne pas céder au stress... c'est faire preuve de maturité !
Bref, comme disait le père d'Albert Camus à son ami, voulant lui montrer ainsi l'humanité qui distingue tout homme mature : « Un homme, ça s'empêche**. »

* Alain, *Propos sur le bonheur*, Gallimard, « Folio », page 189.
** Cité par Alain Finkelkraut, *Un cœur intelligent*, Stock/Flammarion, page 136.

3 Écrire et téléphoner dans l'entreprise

Écrire : quelques clés pour réussir ses écrits avec élégance

Voici, chers lecteurs, **l'instrument de choix par excellence** : l'écrit ! Dans ce siècle de vitesse effrénée où règne le mail écrit à la va-vite, il importe que vous preniez conscience de l'importance de l'écrit ! Nous voulons parler bien évidemment de l'écrit de qualité, c'est-à-dire de celui qui a demandé un travail de réflexion, un travail d'écriture et de polissage avant d'être envoyé. En somme, un travail de prise en compte des attentes de celui à qui il s'adresse, un travail fait de la courtoisie la plus élémentaire !

Car enfin, que reçoit-on aujourd'hui ? Quantité de mails ou courriels envoyés sans grand discernement, parfois par des gens auxquels on n'est pas forcément relié. Nous recevons aussi quantité de copies de mails qui, le plus souvent, ne nous concernent pas vraiment. Bref notre boîte aux lettres ressemble de plus en plus à une sorte de poubelle qui ne fait pas la distinction entre ce qui est important et ce qui ne l'est pas, entre le futile et l'utile, entre ce qui est sérieux et ce qui ne l'est pas du tout. Une sorte de fatras indigeste duquel l'écrit clair, structuré, propre et personnalisé a disparu !

Assaillis par ce flot de messages accablants, nous bondissons de joie le jour, rarissime, où nous recevons un message écrit sur du papier. Un message qui a été mis dans une enveloppe à notre nom, sans fautes, avec une belle écriture lisible qui nous donne immédiatement envie de l'ouvrir !

Nous sentons votre critique poindre : « Quels ringards… venir nous vanter les mérites des belles lettres d'autrefois ! » Mais, n'avez-vous pas l'impression que malgré le progrès fantastique que nous permet la messagerie moderne, nous sommes en pleine régression sur le contenu des messages ? Que dans la confection même de ces messages que nous recevons tous les jours, nous sommes en plein recul, en plein recul culturel ! Car enfin, voyez la qualité très discutable de la plupart de ces messages envoyés. Voulez-vous nous dire à quoi riment ces messages que vous recevez qui, pour la plupart, sont bourrés de fautes d'orthographe, de français et dont certains sont parfois même incompréhensibles ? Ces messages dont on a l'impression qu'ils ont été envoyés sans l'once d'un travail pour faire comprendre, sans l'once d'une pensée de l'expéditeur pour aider le lecteur à s'approprier le message et adhérer à sa réflexion, sans l'once d'un minimum de politesse ? Bref des messages a minima !

À l'écrit, bannissez le langage parlé !

Hélas la pauvreté de l'écrit nous a envahis !

La vérité tient en un mot : nous avons délaissé l'écrit de qualité parce que le monde moderne, avec ses exigences de rapidité, nous détourne de ce véhicule. Nous déconsidérons l'écrit parce que nous privilégions la quantité au détriment de la qualité de l'information. Aujourd'hui, il faut être au courant de tout, il faut sans cesse zapper sur Internet, sur Facebook, sur nos mobiles, nos messageries… ! Dans ces conditions lourdement occupées, quel temps nous reste-t-il pour confectionner un message parfait ?

Et puis le pire est ceci : **ces messages pauvres et mous, au lieu de les rallumer, défont les liens !** Ce qui est en jeu dans l'écrit, c'est finalement la qualité des liens que nous avons avec les autres ! **Dans l'écrit, il y a de l'attention aux autres !** Bien davantage que tout autre moyen de communication. C'est pourquoi il faut se battre pour redorer le blason de l'écrit dans l'entreprise !

SAVOIR-VIVRE = EFFICACITÉ PROFESSIONNELLE

CHOISIR D'ÉCRIRE, C'EST ENVOYER UN AUTRE MESSAGE QUE CELUI CONTENU DANS VOTRE MESSAGE : CELUI DE LA SYMPATHIE !

C'est en effet sous-entendre ceci : plutôt que vous envoyer mon idée « brute de décoffrage », j'ai pris le temps de façonner ma pensée ; j'ai pris le soin de la réfléchir, de la corriger, de l'affiner, de la rendre plus claire… et tout cela pour vous faciliter la vie ! Pour que vous ne vous « preniez pas la tête » en vous demandant, comme bien souvent à la lecture de notes ou d'autres écrits : « Mais qu'est-ce qu'il a voulu dire ? » ou « En quoi suis-je concerné ? ».
Écrire, c'est faire le choix du travail bien fait et c'est aussi faire le choix de contenter son interlocuteur !
Vous pensez politesse ? Vous avez raison !

Mail ou pas mail ?

Pour la plupart des messages envoyés au sein de l'entreprise, choisissez à coup sûr le mail. L'outil est en effet simple, rapide et permet une excellente expression (aussi bonne qu'un écrit traditionnel). Il faut juste se garder de ceci : le mail appelle à être envoyé avant même d'être achevé ! Un clic suffit et celui-ci atteint son destinataire. C'est là que réside le piège. Ce clic fonctionne comme l'épée de Damoclès au-dessus de votre tête ! Gardez-vous donc de travailler votre message en ligne ! Choisissez plutôt de faire un brouillon. Toutes les messageries le permettent. Cela vous donnera le temps nécessaire pour rendre votre message parfait. Pourquoi voudriez-vous aller plus vite que la musique ?

Vous voulez réussir à écrire un mail parfait ? Choisissez de faire d'abord un brouillon comme autrefois !

La question des destinataires

Prenez également le temps de sélectionner les destinataires de votre message. Cela ne va pas toujours de soi et les règles ne sont écrites nulle part. Il vous faut donc agir avec un peu de bon sens et de politesse !

- **Si j'envoie un message à l'un de mes collègues d'un autre service, faut-il mettre en copie mon patron ? Et le sien ?** *Réponse :* si votre message engage le service ou le département auquel vous appartenez, vous avez tout intérêt à associer votre hiérarchie. Dans ce cas, faites-le en amont, « de visu », n'attendez pas que votre patron découvre ce que vous dites dans un mail ! Concernant le patron de celui à qui vous vous adressez, ce n'est pas à vous de le faire mais plutôt à votre destinataire.
- **Si, dans le mail, je parle de quelqu'un d'autre dans l'entreprise, faut-il que je le mette en copie ?** *Réponse :* ceci dépend de l'enjeu de la question que vous soulevez et du stade de votre réflexion. Si l'enjeu est majeur pour cette autre entité et cette personne, vous vous devez là aussi de l'en informer préalablement. Elle ne peut pas découvrir dans un mail que l'on parle d'elle sans en avoir été prévenue.

- **Si j'envoie un mail à mon patron, faut-il mettre en copie les gens avec qui je travaille?** *Réponse :* oui, si vous estimez que ce que vous dites a des conséquences sur l'équipe à laquelle vous appartenez. Mais dans ce cas, prenez soin de prévenir vos collègues. Non, dans le cas où ce message ne les concerne aucunement.

La question des formules de politesse

Le mail est ainsi fait qu'il n'est pas vraiment considéré comme un écrit véritable. C'est sans doute ce qui fait qu'il comporte tant de fautes, d'abréviations et autres raccourcis. Ainsi pour remplacer des « Cordialement », ou des « Amicalement », on voit même apparaître des « Cdt », des « Amiclt ». Un peu comme si on ne disposait pas du temps suffisant pour aller jusqu'au bout du mot. On pourrait demander aux gens qui se contentent de si peu, si la considération qu'ils accordent à leur destinataire est du même acabit !

Il nous semble pour notre part qu'il faut faire un choix : soit on met une formule de politesse et on la met en toutes lettres, soit on décide, compte tenu du nombre de mails reçus, de faire délibérément l'impasse sur ces formules. Nous opterions plutôt pour le respect de ces formules traditionnelles : certes, elles sont banales mais guère plus que le « s'il vous plaît », le « merci » que vous utilisez tous les jours. Imaginez-vous une seconde demander quelque chose à quelqu'un sans ajouter « s'il vous plaît »? Ou recevoir quelque chose sans dire « merci »?
Mettez du soin dans vos mails en les terminant de la meilleure façon !

Attention : vous éviterez d'envoyer des mails professionnels à une heure du matin après une soirée, sous le prétexte que vous êtes en forme et que vos idées vous semblent claires à cette heure tardive... Les destinataires en seront forcément intrigués : à cette heure, à moins d'un décalage horaire, en général on dort ; et si tel n'est pas le cas, on n'est pas supposé penser aux contraintes professionnelles ! Écrivez vos mails quand vous voulez mais ne les envoyez pas à des heures indues !

Écrire… les occasions ne manquent pas !

Écrire pour remercier à la suite d'un entretien

Vous vous en rendrez sûrement compte, dans l'entreprise, la pratique la plus courante est de ne jamais remercier de quoi que ce soit. C'est un grand tort ! Car cela fait toujours plaisir de recevoir un message sympathique de quelqu'un à qui l'on a pu rendre service. (Reportez-vous au chapitre 1, *L'entrée dans une nouvelle entreprise, un nouveau service…*)

Rappelez-vous que dire « merci » équivaut à l'idée de rendre ce qui vous a été donné gratuitement, avec gentillesse et dévouement. C'est de plus ce qui vous permettra de revenir vers cette personne avec une autre demande, le cas échéant. Faute d'avoir dit « merci » la première fois, vous passerez vite pour un pot de colle un peu trop « perso » !

Exemple de remerciements à la suite d'un entretien

> Chère Madame,
> Un grand merci du temps que vous avez
> bien voulu me consacrer.
> Vous m'avez beaucoup appris et sachez que je vous
> en sais gré. Je me permettrai de vous tenir au courant
> de l'avancée de mon travail.
> Croyez, chère Madame, à ma respectueuse
> considération.
> Pierre XXX

Écrire une réponse à un mail qui suppose un retour, un feed-back ou un avis

Quelqu'un vous fait parvenir un mail contenant une suggestion, une idée nouvelle… Vous pouvez, là aussi, ne pas répondre comme le font la plupart des gens. Mais vous avez plutôt intérêt à vous manifester. Pourquoi ne pas souligner ce qui vous semble intéressant, judicieux et innovant ? Même s'il s'agit d'un message qui n'a rien à voir avec votre domaine, il faut encourager ceux qui font un effort pour formaliser une idée, pour innover, pour faire avancer les choses.

Dites sincèrement comment vous recevez ce message. Reformulez le cœur du message en une phrase et marquez votre intérêt. Gardez-vous de toute critique ; après tout, vous n'êtes pas un spécialiste ! Mais dites-vous cependant que la pire des choses pour celui qui émet un message est le silence des destinataires ! Un jour, qui sait, cette personne peut devenir un allié pour vous !

Exemple de réponse à un mail appelant un retour, un feed-back

> Bonjour,
> Bien reçu votre message.
> Je comprends que vous cherchez à… Cette idée me paraît intéressante et je vous remercie de m'en avoir fait part. Je serais très heureux si vous me teniez au courant de l'évolution de votre activité.
> Je vous souhaite bon vent !
> Pierre XXX

Envoyer ses vœux

Tous les ans, c'est la tradition. On peut, à cette occasion, faire comme beaucoup et se contenter d'envoyer des vœux pâles et anodins… Mieux encore, on peut envoyer ces mêmes vœux par Internet comme cela se fait de plus en plus. Ce qui fait que le fond et la forme choisis iront se perdre dans le courant des vœux « assommants » que l'on reçoit fin décembre jusqu'aux retardataires de la fin janvier et auxquels il faut répondre.

Il y a mieux à faire ! Et tout d'abord considérer que cette tradition possède quelque chose de très utile : renouer avec ceux que l'on délaisse afin de ranimer ce lien qu'on a avec eux. Mais en choisissant de « produire » quelque chose d'intéressant et non de rester dans l'obligation d'envoyer ses vœux ! Une fois par an, en effet, vous pouvez vous dire que votre entourage, c'est-à-dire ceux que vous avez côtoyés et dont vous n'avez pas pris le soin depuis de savoir ce qu'ils sont devenus, ont peut-être, eux aussi, envie d'avoir de vos nouvelles. Ce faisant, vous pouvez aussi vous dire qu'en ranimant ces liens, vous allez rencontrer des occasions nouvelles de vous enrichir, de faire des affaires ou plus simplement de passer de bons moments.

Aussi, les vœux sont-ils un moment à traiter de manière très professionnelle. Ce doit être pour vous l'occasion de raconter les éléments forts de votre année passée, les bons comme les mauvais. Vous vous devez d'en faire une sorte de mini-récit qui donnera envie au lecteur de reprendre contact, de vous revoir. Bref sortez de la banalité !

Exemple de carte de vœux

> Cher Pierre,
> Permets-moi de saisir cette occasion pour te faire toutes mes amitiés. Hélas, le temps passe et cela fait déjà quelques années que nous ne nous sommes vus…
> Je crois savoir que tu travailles toujours chez XXX.
> J'espère que tu y es toujours heureux de ce que tu fais et que tout va pour le mieux sur le plan personnel.
> De mon côté, j'ai fait… et je souhaite maintenant réfléchir à… Je serais très heureuse de parler de tout

cela et de bien autre chose avec toi à l'occasion,
ainsi que nous le faisions à l'époque.
Je t'adresse, cher Pierre, mes meilleurs vœux
pour cette nouvelle année !
Marie

Exemple d'une carte de vœux déjà « commise », mais à éviter… à tout prix !

Meilleurs vœux
(sans signature, avec une carte de visite)

Féliciter quelqu'un d'un succès obtenu

C'est là une formidable occasion de vous manifester de manière positive. Quelqu'un vient de faire l'objet d'une promotion, d'une distinction quelconque et vous partagez l'idée que cet événement est justifié. Vous pouvez marquer le coup en écrivant quelque chose de sincère à cet heureux élu.

Choisissez plutôt la voie traditionnelle : un petit mot écrit sur un papier qui montre que vous vous associez à la joie de la personne distinguée. Vous n'êtes pas du tout obligé d'en faire un roman ni de gloser à l'infini sur cet événement avec les risques que cela pourrait comporter. Un simple message court mais sincère suffira.

Exemple de félicitations

Cher Monsieur,
J'ai appris que vous aviez reçu…
que vous étiez parvenu à…
Croyez bien que je m'en réjouis.
Je vous adresse, cher Monsieur, mon meilleur souvenir
et serais très heureuse de vous revoir un jour prochain.
Bien à vous, Marie XXX

Prendre des nouvelles ou en donner (au retour de vacances par exemple)

Sachez profiter de toutes les bonnes occasions pour ranimer le contact avec vos proches. Le retour de vacances est un moment propice, d'une part parce que tout le monde se trouve comme un peu déconnecté par cette interruption de quelques semaines et d'autre part parce que chacun a beaucoup à dire, à raconter. Tous s'en font une joie ! Ne les en privez pas. Allez au-devant d'eux qui n'en auront peut-être pas l'idée. Proposez-leur de déjeuner, de prendre un café ou un verre en fin de journée. Vous verrez, vous aurez le meilleur accueil !

Exemple de message de relance après vacances

> Salut Pierre,
> Je crois savoir que toi aussi tu es de retour
> dans nos bien tristes réalités après
> cette période étourdissante de vacances !
> Je serais heureux de bavarder avec toi
> un de ces « quatre » ?
> Veux-tu prendre un verre ce soir ou demain ?
> Bien à toi, Jean

Se manifester lors d'un événement (naissance, mariage, décès, promotion, etc.)

On ne peut pas raisonnablement faire fi de la vie personnelle de ceux avec qui l'on travaille. Or il leur arrive comme à tout le monde des événements heureux ou malheureux. Réjouissantes ou attristantes, nous devons nous manifester d'une manière ou d'une autre dans de telles circonstances. Ce qui n'est pas forcément facile surtout si l'on n'est pas très lié avec ces personnes. Un mot entre deux portes peut certes suffire, quel que soit l'événement. Mais vous aurez plus d'impact en prenant le soin de faire un petit mot écrit. D'abord parce que cela signifie clairement que vous avez pris du temps pour le faire et ensuite parce que peu de gens feront comme vous.

Et puis un écrit restera dans la mémoire du destinataire davantage qu'une parole reçue à un moment où votre interlocuteur ne s'y attend pas, parce qu'il a peut-être d'autres préoccupations. Il faut bien le dire, entre deux portes, la réponse aux attentions orales des uns et des autres n'est pas aisée ; surtout lorsqu'il s'agit de condoléances…

En procédant de cette manière plus raffinée et plus personnalisée, vous vous distinguerez des autres.

Exemple d'un message envoyé pour un décès

> Chère Marie,
> J'ai appris cette mauvaise nouvelle qui te plonge dans la peine. Je veux te dire combien je pense à toi dans ces moments difficiles.
> En te souhaitant tout le courage du monde, je t'envoie, chère Marie, toute mon amitié.
> Pierre

Exemple d'un message envoyé pour un événement heureux

> Cher Pierre,
> Te voici l'homme le plus heureux du monde !
> Avec toute l'équipe, sache que nous nous réjouissons de ce bel événement et que nous te souhaitons tout le bonheur du monde !
> Avec toute notre amitié, Marie

Répondre à un mail un peu vif, voire empreint de colère...

C'est là l'une des conséquences de la rapidité qui est la marque de notre monde moderne dont nous vous parlions précédemment. Avec le mail, les gens font moins attention et de la même façon dont ils expédient leurs messages aux uns et aux autres sans beaucoup de discernement, ils vous enverront parfois un mail un peu vif. C'est la marque du travail mal fait : sans préparation, sans réflexion, sans maturation. Ils se sont littéralement lâchés !

Sachez faire la part des choses en vous disant d'abord que l'expéditeur s'en mord sans doute les doigts en se disant qu'il n'aurait pas dû. N'y répondez pas tout de suite. Que ce manque de contrôle sur soi lui serve de leçon. Mais d'un autre côté, ne l'enfoncez pas : adressez-lui une réponse qui lui fasse entendre que vous comprenez son message et que vous comprenez que la situation était sans doute hors norme. Bref, dans un premier temps, vous allez dans son sens. S'il est malin, il vous en saura gré. Dans un deuxième temps, la réponse dépend évidemment des circonstances, du thème et de son enjeu. Le principe consiste à ne retenir dans son argumentation que ce qui relève de la raison et du bon sens afin de bâtir une réponse adaptée.

Exemple d'une réponse à un mail un peu vif

> Cher Pierre,
> J'ai bien reçu ton message et je t'en remercie.
> Je comprends ce que tu m'écris et je suis sensible à tes arguments. Sur le fond, tu as sans doute raison mais il me semble que tes arguments t'ont, comment dire, emporté un peu au-delà de nos réalités...
> Entre ton message un peu vif et les objectifs que nous devons atteindre, il y a sûrement un moyen terme.
> Veux-tu que nous en reparlions ?

J'en serais pour ma part très heureuse.
Bien à toi, Marie

La question du SMS...

À l'heure où nous écrivons ce livre, le SMS, ou le texto, a déjà franchi le seuil de l'entreprise depuis quelque temps. Initialement extraprofessionnel, voire réservé aux ados, le SMS a maintenant sa place dans l'entreprise, aidé en cela par les « smartphones » et leur messagerie embarquée. Il y a donc fort à parier que la mobilité renforce toujours plus la tentation d'utiliser le *Short Message*.

Son utilité

Rappelons d'abord l'utilité formidable du SMS : vous avez un message à faire passer à quelqu'un dont vous savez qu'il est en réunion. Cette information lui est importante, notamment dans le cadre de sa réunion. Par exemple, vous venez de signer un contrat, un règlement important est arrivé qui engage la vie de l'entreprise, etc. Quoi de mieux que de faire parvenir cette information qui n'appelle pas de retour ni d'échange, en tout cas pour le moment ? Autre exemple : vous êtes vous-même en réunion et vous voulez donner un renseignement pratique à quelqu'un parce que vous avez oublié de le faire avant la réunion. En envoyant ainsi un SMS avec cette information, vous vous débarrassez de cette préoccupation. Ces deux exemples prouvent à l'évidence l'intérêt du mobile et de sa fonction permettant l'envoi de SMS. On est bien là dans le registre du discret, de l'efficace et du pratique !

Savoir aussi choisir un autre moyen de communication dans l'entreprise

Il faut considérer le SMS comme l'exception qui confirme la règle ! C'est un moyen de communication professionnelle à proscrire ! Un SMS c'est sec comme un coup de trique, c'est grossier par la façon restreinte dont on doit s'exprimer, c'est à la pensée réfléchie ce qu'un coup de rouge est à l'art du vin… Croyez-nous si vous avez à faire passer un message professionnel fort, utilisez un autre moyen, moins familier.

Toutefois si vous devez l'utiliser comme il est dit plus haut, sachez ne pas employer cet écrit phonétique désastreux dont le langage, parfois, n'est compréhensible que par d'heureux élus, une génération ou quelques « aficionados ». Gardez ce moyen pour vos proches dès lors que vous savez qu'ils en partagent la pratique et les secrets !

La question du compte rendu

Il n'est jamais facile de réaliser cet exercice qui consiste à restituer une réunion, un échange, une séance de « brainstorming »… D'abord parce que cela concerne en général plusieurs personnes qui, à la lecture du compte rendu, doivent s'y retrouver, ensuite parce qu'il s'y passe tant de choses qu'une seule mémoire n'y suffit pas. Enfin parce que écrire de manière concise est en soi un exercice complexe dans la mesure où il va à l'encontre de nos tendances naturelles à vouloir tout restituer ! Vous connaissez peut-être cette lettre de Pascal à l'un de ses amis et qui se terminait par quelque chose comme : « Pardonnez-moi mais je n'ai pas eu le temps de faire plus court… ! » **C'est le paradoxe : faire court prend plus de temps que faire long !** C'est là que se situe tout l'enjeu de ce qui vous est demandé dans ce compte rendu.

C'est pourquoi nous vous invitons à méditer l'exemple qui suit. Il y est question justement d'une méthode pour faire plus court…

Vous voulez faire court ? Commencez par la conclusion !

Ce matin, Jean a rendez-vous avec Marie, sa responsable. Trois jours avant, Marie lui a demandé de faire un compte rendu des deux jours de séminaire où toute l'équipe s'est mise au vert afin de « carburer » ! Deux jours formidables de travail non-stop avec beaucoup de participation, de créativité, d'idées nouvelles pour construire le développement des activités. Jean a mobilisé son week-end pour coucher sur le papier l'essentiel de ce qui s'est passé durant ces deux jours. Il est satisfait de son travail car il a le sentiment que rien de ce qui a compté dans ce séminaire ne lui a échappé. Un quatre pages impeccable… Marie, c'est sûr va être contente !

Marie prend le papier, le lit avec attention et beaucoup d'intérêt. Mieux, à chaque moment fort de son compte rendu, elle acquiesce, elle commente parfois en approuvant le plus souvent, rien décidément ne semble lui déplaire. En achevant sa lecture, elle dit à Jean : « C'est un très bon papier, tout est là, c'est bien restitué… bravo Jean ! Mais, comment dire… si tu avais une conclusion à écrire, si tu devais ne faire qu'une demi-page sur le sujet, que dirais-tu de manière plus ramassée ? Quels sont les principaux éléments que tu retiendrais pour cette conclusion ? Vois-tu, je pense à notre hiérarchie qu'il me faut informer, aux responsables des autres départements… pour lesquels une conclusion devrait suffire ? »

Jean s'est attelé à cette conclusion puis est revenu chez Marie avec cette fois une belle conclusion d'une demi-page rassemblant les points forts de ce séminaire. Marie se plonge dans

→

la conclusion et dit ceci : « Excellente cette conclusion, il y a l'essentiel, c'est clair et convaincant. En fait, cette conclusion, c'est ton compte rendu et, si tu le veux bien, nous allons l'envoyer aux destinataires auxquels je pense. Le quatre pages, réservons-le aux membres de notre équipe qui ont participé à ce séminaire. »

Téléphoner

Est-ce utile de rappeler que le téléphone, ou plutôt les téléphones ont pris une place centrale dans notre environnement professionnel ? Que ce soit le fixe sur notre bureau ou le mobile dans notre poche, à côté des dossiers, dans le creux de notre main ou collé à notre oreille, que ce soit sa présence dans le package de rémunération, ou encore son numéro d'appel bien positionné sur notre carte de visite... le téléphone est devenu l'indispensable outil du cadre du XXIe siècle.

Et si l'écrit a son utilité et ses multiples intérêts*, le téléphone a cela de différent, qu'il met instantanément de l'interaction dans la communication. Ce qui est très riche et utile car l'échange devient alors vivant, précis et, véritablement, à double sens. En revanche, l'échange téléphonique peut aussi mener à la catastrophe car il peut se dérouler à un mauvais moment, être inattendu, être non préparé... Et puis, au téléphone, même si « le sourire s'entend », vous ne voyez pas la personne, son environnement, ses gestes et ses mimiques.

* Voir *Écrire : quelques clés pour réussir ses écrits avec élégance*, p. 67.

Le téléphone : un concentré d'écoute et de concision

Pour un résultat plus efficace :

Concentrez votre énergie à prêter une bonne oreille à votre interlocuteur.

Facilitez la réception de votre message en vous limitant à l'essentiel.

Ouvrir le dialogue au téléphone

Tout d'abord, **un appel téléphonique se prépare**. Plutôt que de vous jeter sur le téléphone pour composer un numéro, commencez par vous arrêter en vous posant quelques questions telles que :

- Qu'ai-je exactement à lui dire/demander ? Comment vais-je le formuler ?
- Est-ce urgent au point de l'appeler pour avoir une réponse immédiatement ?
- Est-il/elle en mesure de me le dire par téléphone ? Ou bien, le mail n'est-il pas plus approprié ?
- Ai-je autre chose à lui dire/demander ? (Sous-entendu : pour éviter de le/la rappeler dans une heure.)

En procédant ainsi, vous éviterez de déranger votre interlocuteur pour rien ; vous prêtez d'abord attention à l'autre, au lieu d'agir en fonction de vos propres envies, impulsions ou émotions du moment.

Ensuite, en composant un numéro de téléphone, rappelez-vous que **vous êtes sur le point de faire irruption dans l'environnement d'une personne qui ne s'y attend vraisemblablement pas** : elle n'est peut-être pas seule, ou elle n'est pas dans les conditions optimales pour échanger avec vous.

Vous devez donc, dès les premières secondes, développer une écoute particulièrement forte pour évaluer la disponibilité réelle de la personne appelée, quitte à obtenir une confirmation de votre intuition en demandant : « J'ai le sentiment de vous déranger, est-ce le cas? » Ou bien directement : « Est-ce que je te dérange? » Dans l'affirmative, vous enchaînerez immédiatement par une seconde question : « Quand puis-je vous rappeler? » qui vous permettra de ne pas déranger une seconde fois votre interlocuteur.

Enfin, **si vous-même savez ce que vous voulez dire, votre interlocuteur pas forcément**. Vous pouvez donc commencer par une entrée en matière consistant à vous présenter poliment de façon à aider l'interlocuteur à vous identifier, et, pourquoi pas, à poser une question de savoir-vivre du type : « Comment allez-vous depuis… ? »

C'est ensuite que vous pourrez, parce que vous l'aurez préalablement préparé, formuler de façon précise et explicite votre demande ou votre information.

SAVOIR-VIVRE = EFFICACITÉ PROFESSIONNELLE

AU TÉLÉPHONE, TOUT S'ENTEND…

… les silences dus à vos absences, l'éloignement ou le haché de votre voix quand vous faites autre chose, le bruit des touches de votre clavier, le clic de la souris, le bruit du briquet (ah non ! ça, c'est fini !).
Si vous n'êtes pas à 100 % avec votre interlocuteur téléphonique, l'absence de contact visuel renforce l'impression de non-implication de votre part et peut créer un effet dévastateur d'absence, voire de « je-m'en-foutisme ».
Plus que lors d'un face-à-face, soyez à 100 % avec votre correspondant téléphonique.

Fermer le dialogue au téléphone

Nous n'évoquerons ici ni la conversation téléphonique amicale, de distraction qui peut s'éterniser, ni la conférence téléphonique qui peut bénéficier d'un cadre et d'un processus plus stricts. Nous nous attacherons plutôt à la conversation téléphonique professionnelle qui, tout en restant aimable et agréable, doit être efficace et opérationnelle.

Sachez donc clore un entretien en vous assurant verbalement que chacun a bien reçu les informations que l'autre voulait transmettre et obtenu les informations dont il avait besoin. Attention, les écrits restent, pas les paroles.

Pour clore un entretien, vous pouvez :

- Reformuler une décision, une information reçue, un plan d'actions, etc.
- Prendre date pour rappeler ou donner une suite à cet échange.
- Exprimer à voix haute votre satisfaction d'avoir atteint l'objectif fixé pour cet échange téléphonique : « Je suis content que l'on ait pu se parler avant cette réunion », « Merci pour cet échange, j'avais besoin de ton avis ».
- Et puis un « au revoir » et « bonne journée » ou « bonne route » ou encore « profite bien de ce colloque » conclut agréablement un échange à distance.

Comment interrompre un entretien qui n'en finit pas ?

Si vous êtes, vous-même, concis dans vos propos, ce n'est pas toujours le cas de votre interlocuteur : il y a les bavards, ceux qui se dispersent, ceux qui ont besoin de parler, etc.

Sans brutaliser votre interlocuteur, soyez sincère en lui disant, sans trop tarder, que vous souhaitez terminer la conversation, et rendez-lui service en l'aidant à la terminer ! Vous sortirez de cette situation plus rapidement, moins agacé et de façon efficace pour tout le monde.

Voici quelques exemples de phrases permettant d'interrompre une conversation téléphonique aimablement et fermement :

- « Catherine, je t'arrête car je dois me rendre à... », « ... car j'ai un dossier à préparer... ».
- « Je vous ai bien entendu, Monsieur. Je vous propose d'arrêter là notre conversation téléphonique ; je vous rappellerai dès que... »
- « Paul, ce que vous me dites est très intéressant. Ne devrions-nous pas en parler autrement que par téléphone ? »
- « Dis-moi Christophe, cela fait une heure que l'on se parle. Je te propose... »
- « Parfait, Monsieur, à ce stade, ce que vous m'avez dit me suffit. Je vous propose de... »

Le fond compte autant que la forme : vous pouvez être ferme et aimable. Vous apparaîtrez d'autant plus aimable que, sur le fond, vous évoquez objectivement un motif réel.

Prendre ou laisser un message

Voici un mauvais exemple à ne pas suivre : au lieu d'aider le lecteur, il va l'embarrasser !

> Dominique tél urgent le doc est incomplet
> mque tarif, PR ref pdt

Qui a pris ce message ? Faut-il rappeler Dominique ? De quel document s'agit-il ? Si c'est urgent, quand Dominique a-t-il appelé ? Et au fait, est-ce Dominique qui a appelé ou est-ce un message à destination de Dominique? Que veut dire « mque »? Et « PR » veut dire « prix » ou « prix de revient »?

Prendre un message n'est pas toujours la meilleure des options : le contenu, l'urgence, la disponibilité du destinataire peuvent privilégier une autre initiative telle que répondre immédiatement à la demande, donner le moyen de joindre directement le destinataire, etc.

Mais si vous avez décidé de prendre un message, alors faites-le bien et à fond. Pour éviter toute confusion et tout malentendu, efforcez-vous de vous mettre à la place de celui à qui est destiné ce message : disposera-t-il de tous les éléments pour traiter le sujet de façon efficace?

Un message à destination d'une autre personne doit ainsi contenir, comme cela est d'ailleurs pré-imprimé sur des supports papiers ad hoc :

- une date,
- une heure,
- le destinataire du message,
- le nom **précis** de l'appelant (après s'être fait confirmer l'orthographe !),
- le nom de celui qui a pris le message,
- le motif de l'appel (si cela est possible et de façon concise et explicite),
- l'action à mener : par exemple rappeler ou attendre le rappel,
- et pourquoi pas, une information utile telle que : « très urgent », « me voir avant de rappeler », « deuxième appel dans la journée »...

De la même façon, lorsque, par téléphone, vous voulez laisser un message à une personne que vous cherchez à joindre mais qui est absente, que ce soit sur sa boîte vocale, à l'accueil ou à son assistante, soyez précis et concis pour indiquer :

- qui vous êtes,
- à qui s'adresse ce message,
- son degré d'importance et d'urgence,
- le motif de votre appel,
- la suite à donner.

Soyez vigilant sur la façon dont vous vous adressez à la personne à qui vous laissez un message. Restez aimable, dictez-lui l'orthographe de votre nom, demandez-lui un conseil sur la meilleure façon d'agir… En prêtant attention à cette personne, en la considérant comme une personne et non comme une « boîte à lettres ou à messages », vous vous en faites un allié précieux pour obtenir plus facilement ce que vous voulez.

4 Participer à une réunion

S'y préparer

« Les réunions, ça ne sert à rien », « Ce sont toujours les mêmes qui causent », « On prend de grandes résolutions qui ne sont jamais suivies d'effets », « Quel temps perdu ! », etc. Quand ce n'est pas : « Zut, j'ai oublié de parler de ça » ou encore « J'aurais dû répondre ceci ».

Qui n'a pas entendu mille fois ces reproches faits à la réunion? Comment ne pas s'y reconnaître soi-même? Et nous avons tous fait l'expérience de bayer aux corneilles dans des réunions interminables… Expériences négatives qui nous rendraient volontiers « réunionophobe »!

Et pourtant, reconnaissons-le, quand une réunion se déroule bien, quand elle est bien animée et que l'enthousiasme est là, partagé par tous les participants, quel entrain cela donne aux actions entreprises! Mais voilà, sans doute faut-il réaliser une fois pour toutes qu'une bonne réunion comportant des effets bénéfiques pour tous n'arrive pas comme cela et qu'il faut un minimum de préparation. Et pas seulement de la part de l'animateur mais aussi de la part de chaque participant. C'est là où vous intervenez !

Voici le secret : une réunion sera réussie si l'on y trouve ce que l'on attendait ! Ce qui suppose d'y arriver avec un minimum de préparation. S'il s'agit d'une réunion de service qui intervient régulièrement dont l'objectif est de faire le point sur les chantiers actuels, d'éclairer tel ou tel sujet, d'informer les participants de l'actualité (dans ou hors de l'entreprise), on peut soi-même faire l'effort de formaliser quelques idées ; par exemple, ce sur quoi l'on travaille actuellement :

- Qu'a-t-on fait de concret récemment ?
- Quelles sont les difficultés rencontrées (celles que l'on a surmontées et celles qui continuent de faire obstacle, etc.) ?
- Où en est-on de l'avancement de tel ou tel projet (par rapport à l'échéance prévue) ?
- Quelles sont les suggestions raisonnables que je peux faire pour faire avancer les choses, etc. ?
- Quelles sont les informations que je peux donner aux autres participants pour faciliter l'avancée de mes propres travaux ?
- Etc.

On peut y ajouter aussi des questions sur lesquelles nous sommes nous-mêmes en attente :

- Où en est Alain sur son projet qui, par certains aspects, côtoie le mien ?
- Quelle est la position du manager sur tel ou tel événement qui risque d'avoir des conséquences sur ce dont j'ai la responsabilité ?
- Quelle est la perception des autres sur ce que je fais ?
- Etc.

Tout ce que vous aurez préparé et « livré » avec clarté aux autres participants non seulement vous servira dans la mesure où cela vous apportera de quoi satisfaire vos propres attentes mais en plus cela satisfera la curiosité des autres sur votre rôle dans le service, sur votre valeur ajoutée.

C'est en somme un échange de bons procédés dans lequel vous faites le pari suivant : donner d'abord va vous permettre de recevoir ensuite.

Si l'on y réfléchit bien, il s'agit **du minimum d'égards** que vous leur devez. En effet :

- Vous leur donnez de quoi comprendre ce que vous faites.
- Vous les éclairez sur les éléments concrets sur lesquels ils peuvent vous aider le cas échéant (par exemple telle ou telle contribution à laquelle ils n'avaient peut-être pas pensé si vous n'aviez pas évoqué le sujet).
- Vous vous inquiétez des travaux et responsabilités des autres.
- Etc.

SAVOIR-VIVRE = EFFICACITÉ PROFESSIONNELLE

Schéma pour rappeler en réunion ce sur quoi vous travaillez

(prévoir une minute d'intervention maximum)

1. Rappelez en trois mots le contexte et la problématique du chantier dont vous avez la responsabilité en faisant en sorte que les éléments du contexte concernent tout le monde dans la réunion.
2. Rappelez quelles sont les grandes actions menées et leur objectif.
3. Dites où vous en êtes globalement (étapes principales réalisées).
4. Dites quelles sont les étapes suivantes et leurs échéances. →

5. Posez la question : avez-vous des questions ou voulez-vous que je précise tel ou tel point... ?

Deux objectifs : soyez clair dans l'information fournie et associez au maximum ceux qui vous écoutent !

Éclairer son propos, c'est envoyer aux autres un message de sympathie !

Pendant la réunion

Un principe : il faut noter ce qu'il s'y passe !

Si vous faites attention, la réunion, quelle que soit sa nature, est un lieu de vie intense : les gens qui se réunissent sont en attente de quelque information, événement ou de quelque stimulation face au train-train quotidien. Certes, les gens qui viennent à ces réunions sont parfois un peu sur la réserve. Ne serait-ce que parce que s'il s'agit de parler en public, ce n'est jamais de gaîté de cœur... Le plus souvent d'ailleurs parce que ces personnes ne sont elles-mêmes nullement préparées comme nous vous le conseillons plus haut.

Il y a donc des observations à faire, des choses à saisir. Il y a des tensions qu'il s'agit de ressentir sur telle ou telle information ou sujet, des conflits non perceptibles entre les personnes, des intérêts divergents, en sourdine, qui parfois affleurent dans ces circonstances. Et puis, face aux informations nouvelles et aux événements, il y a les réactions de chacun à percevoir ; elles peuvent enrichir votre compréhension globale des situations.

Comprendre là aussi ce qui se passe vraiment vous rendra plus fort vis-à-vis des circonstances et aussi vis-à-vis des autres. En captant tel ou tel problème dont vous n'aviez pas conscience avant la réunion, vous aurez de quoi, après la réunion, poser les bonnes questions au bon moment et aux bons interlocuteurs.

C'est pourquoi, pendant la réunion, sachez prendre note de ce qu'il s'y passe. **Oui, écouter, c'est noter !** * D'ailleurs c'est la vertu première des notes : en reproduisant les mots exprimés par ceux qui parlent, cela vous force à préciser leur pensée. Ainsi elles vous permettront de la retrouver intacte le lendemain. Ne vous faites pas confiance sur le sujet de la mémoire : tant mieux si vous en avez une bonne mais, croyez-nous, si vous ne prenez pas le soin de noter dans l'instant l'exacte pensée de quelqu'un dans une réunion, vous ne la retrouverez pas aussi clairement !

Un autre principe : il faut contribuer à enrichir la réunion !

Une réunion ne vaut que par la qualité des interventions qui s'y font. Ce qui veut dire que, concernant vos propres interventions, vous êtes vous-même « attendu » par les autres participants ! Sur la qualité de votre écoute, c'est-à-dire principalement des questions que vous serez amené à poser, y compris sur des sujets que vous ne maîtrisez pas forcément, sur la qualité de votre perception des événements dans la réunion (échanges, réactions entre les personnes…). Mais aussi sur la qualité des remarques que vous pourrez faire ou que vous ne ferez pas, jugeant que ce n'est peut-être pas le moment idéal et qu'il vaut mieux les reporter à un autre moment plus propice ou lors d'un échange plus intime.

L'enjeu principal d'une réunion pour celui qui en est l'initiateur est en général de **faire comprendre afin de mieux mobiliser** ses

* Voir *Dites, ne dites pas : les entretiens de recrutement*, Yves Maire du Poset et Olivier de Clermont-Tonnerre, Leduc.s Éditions, 2009, page 16.

troupes ! Or la clarté des propos est un moteur fondamental de l'entraînement des personnes. Si je comprends, je peux envisager de me mobiliser mais si je ne comprends pas, il y a fort à parier que je resterai dans l'inaction !
Et puis il faut se souvenir que vous aurez toujours le loisir de creuser un sujet abordé lors d'une réunion avec celui qui l'a abordé mais à un autre moment : en reprenant contact avec lui dans un échange plus personnel, vous aurez tout le loisir de satisfaire votre curiosité. Et si vous vous y prenez bien, vous valoriserez votre image à ses yeux !

SAVOIR-VIVRE = EFFICACITÉ PROFESSIONNELLE

Les bonnes questions générales pour comprendre et mettre en valeur les « responsables » des sujets abordés !

Il s'agit de quelques questions simples destinées à éclairer non seulement votre perception d'un sujet mais aussi, vous vous en apercevrez, éclairer votre interlocuteur sur son sujet ! C'est ainsi que vous apparaîtrez comme une personne aimable qui facilite l'expression de l'orateur en lui permettant d'être encore plus clair !

1. De quoi s'agit-il ?
2. Qui est concerné ?
3. Comment allez-vous vous y prendre ?
4. Quand devez-vous atteindre votre objectif ?
5. Où cela a-t-il lieu ?
6. Pourquoi faites-vous cela ?

Votre objectif premier : cerner le problème évoqué dans ses causes et ses effets.

Votre objectif second : être celui qui, par de bonnes questions, aide à clarifier les choses.

S'intéresser à ce que l'autre cherche à expliquer, c'est faire preuve d'empathie !

On peut aussi faire part de son incompréhension !

Il peut arriver qu'un point abordé soit obscur, que malgré votre attention fixée sur la pensée de l'orateur, un élément vous ait échappé et rende votre compréhension difficile.

Vous avez dans ce cas le droit, voire le devoir de manifester votre difficulté à comprendre ce qui est dit. Vous pouvez très bien lever la main ou faire un signe à l'orateur pour manifester votre envie d'intervenir. Celui-ci décidera ou non de vous donner la parole tout de suite ou quand il aura fini de parler ; il vous le dira simplement : « Je vous donne la parole dans un instant… », laissant entendre par là qu'il veut finir ce qu'il dit. Laissez-lui le choix du moment où vous prendrez la parole.

Dès que vous avez la parole, sachez exprimer votre difficulté à comprendre. Tout d'abord en rappelant simplement ce que vous avez compris (dans la façon globale de percevoir le sujet, dans son objectif, dans son enjeu…). Puis dites rapidement quel est le point qui vous pose un problème. Vous aurez pris soin de préparer votre question en la formalisant sur votre bloc-notes et en pensant à la manière dont votre question va éclairer le sujet, y compris pour les autres participants.

Deux principes à retenir

On a le droit de ne pas comprendre à condition d'avoir été attentif à ce qui a été dit !

Si vous ne comprenez pas un point, rappelez-vous que vous n'êtes probablement pas seul à être victime de cette incompréhension.

Poser une question claire et que d'autres se posent, c'est rallier tous les suffrages !

Enfin pour clore le sujet de la réunion, n'oubliez pas les petits détails !

La question des mobiles (ou portables). Dans les réunions, les mobiles et leurs sonneries sont proprement insupportables ! Prenez donc le soin de les mettre en « mode vibreur » si vraiment vous pensez que le vôtre doit rester ouvert. Si tel n'est pas le cas, fermez-le ! Soyez convaincu que le monde peut vivre sans vous pendant ce temps…

Évitez aussi cette attitude extrêmement désagréable pour l'animateur, de voir un participant les deux mains sous la table, la tête baissée et le regard fixé sur… son Blackberry ou son iPhone en train de répondre à ses mails. Si vous estimez n'avoir rien à faire dans cette réunion, osez le dire et quittez la salle, éventuellement, en disant que vous restez disponible en cas de besoin !

Ou bien vous êtes là et entièrement là, ou bien vous êtes ailleurs et donc physiquement ailleurs. Ce sera tellement plus honnête et respectueux vis-à-vis des autres.

Restez à l'écoute. Faites un effort envers celui qui parle. Évitez les apartés, les commentaires envoyés à l'orateur qui risquent de le déstabiliser. Écoutez-le avec attention, c'est la meilleure manière de l'aider dans cette épreuve de parler en public !

À la fin de son intervention, il sera bien temps de vous exprimer !

Évitez d'être trop long dans vos développements. Que vous soyez l'animateur ou l'un des participants, soyez bref. Préparez vos interventions dans ce sens.

Faites attention à la logistique déficiente si vous êtes l'animateur. Si vous êtes amené à intervenir dans la réunion et que vous avez besoin d'un outil quel qu'il soit, faites un tour dans la salle avant, venez la veille pour vous assurer de l'existence de cet outil : un paper-board avec des feutres qui marchent, un rétroprojecteur en état de marche, etc. Il est plus que probable qu'il manquera quelque chose dont vous aurez besoin. Rien n'est plus pénible pour l'assemblée qu'une animation ratée parce qu'il manquait ce qu'il fallait !

La question du mobile (portable) !

Pour les animateurs de réunions, une histoire savoureuse entendue un soir rue d'Ulm à un concert organisé par l'école : le présentateur prend la parole pour introduire les pianistes, expliquer le choix des morceaux interprétés, etc. Il termine par la phrase suivante : « Enfin, une chose importante : à la fin du concert, n'oubliez surtout pas de rallumer vos mobiles ! »

Une manière pleine d'esprit d'appeler les spectateurs aux bonnes manières !

Arriver en retard...

Cela vous arrivera et, disons-le, ce n'est jamais facile de débarquer dans une réunion déjà commencée ! En ouvrant la porte, vous ne connaissez pas forcément le lieu, vous ne savez pas qui parle, quel est le sujet abordé, vous vous dites que vous allez déranger celui qui parle, que tous les regards vont se porter sur vous, que la honte va vous envahir... que sais-je encore ? Bref, vous êtes mal !

- **Ce que vous pouvez faire.** Certes, vous êtes en faute. Mais ce n'est pas un crime d'État ! Aussi soyez simple, direct et faites-vous tout petit ! Un mot discrètement jeté en direction du maître de réunion, dès votre entrée du genre : « Pardon pour mon retard… » devrait suffire. Allez vous asseoir sans faire de bruit et surtout sans vous mettre à parler avec votre voisin pour lui raconter vos déboires. Fixez plutôt l'orateur en essayant de retrouver la trame du sujet !

- **Ce que vous ne devez pas faire.** Surtout, évitez les excuses que vous vous faites à vous-même, les excuses bruyantes, justifiantes et finalement oiseuses pour tous du genre : « Je m'excuse de mon retard mais j'ai raté le bus… j'ai dû attendre le suivant qui a mis au moins 20 minutes à arriver… » Croyez bien qu'à cet instant, les participants à la réunion ne pourront pas être intéressés par votre histoire même s'ils s'ennuient à mourir dans cette réunion. Sachez aussi qu'en procédant ainsi, c'est-à-dire en continuant de déranger cette réunion, vous vous enfoncez !

Partir avant la fin de la réunion…

Là aussi, cela vous arrivera fréquemment. Avec les organisations matricielles qui se mettent en place dans les entreprises, les réunions font florès ! On passe d'une réunion à une autre avec le risque de plus en plus important de tout emmêler, les sujets, les personnes…

Bref, vous serez amené plus souvent qu'à votre tour à devoir quitter une réunion… pour en rejoindre une autre ! Quand bien même le sujet est intéressant et malgré le fait que votre situation physique dans cette réunion rend très embarrassant votre départ de la réunion, il vous faudra vous lever, prendre vos affaires et vous diriger vers la sortie avec toute la discrétion du monde.

- **Ce que vous pouvez faire.** Si vous le pouvez, prenez les devants dès le démarrage de la réunion : si vous jugez que vous devez quitter cette réunion à mi-parcours, faites-le savoir à son animateur. Allez le voir et dites-lui : « Je suis malheureusement obligé de partir à telle heure, je voulais vous en informer… » S'il s'agit d'une réunion du service auquel vous appartenez, faites la même démarche au début de la réunion.

- **Au moment de partir,** soyez le plus discret possible, partez à pas d'oiseaux avec un signe discret de la tête à l'animateur lui rappelant que comme vous l'en aviez informé au démarrage de la réunion, vous partez… Faites en sorte que votre départ passe inaperçu !
- **Ce que vous ne devez pas faire.** Interrompre le cours de la réunion et vous lancer dans de grandes explications sur les raisons qui vous conduisent à devoir la quitter. Vous éviterez aussi de saluer l'un ou l'autre de vos collègues avant de partir, échanger avec lui quelque plaisanterie… ou encore saluer toute l'assemblée en lançant un : « Au revoir à tous, à la prochaine… »

SAVOIR-VIVRE = EFFICACITÉ PROFESSIONNELLE

LA RÉUNION : UN LIEU PRIVILÉGIÉ POUR NOUER DE BONNES RELATIONS ET FAIRE AVANCER VOS PIONS

C'est pourquoi il faut s'y montrer sous son meilleur jour !

Ce qui veut dire :

- s'y être préparé,
- se montrer à l'écoute et en grande empathie avec les autres,
- bien noter ce qu'il s'y passe,
- s'enrichir de l'avis des autres,
- trouver des sujets nouveaux de motivation,
- faire montre des meilleures manières à l'égard de tous.

5 L'art des conversations difficiles

Demander un service à une assistante

Que vous soyez une assistante ou que vous bénéficiiez vous-même des précieux services d'une assistante, vous avez sûrement déjà rencontré ces situations parfois délicates, souvent empreintes du rapport de force hiérarchique, et qui remettent sur le tapis les différences de salaire, d'horaires de travail, de statut entre deux personnes.

« Tiens, puisque tu n'as rien à faire, au lieu de discuter dans les couloirs, il y a ce document à corriger avant de le diffuser. Moi j'ai du boulot et j'ai pas que ça à faire. »

Et le même jour dans un autre bureau : « Excuse-moi, non mais c'est pas grave… je repasserai plus tard. C'est pour la réunion de jeudi, on ne s'est pas assuré que tout est prêt pour l'accueil des invités… »

Laquelle de ces deux attitudes est la plus acceptable ?

Est-ce la première qui commence par un jugement basé sur une observation interprétée : « Tu discutes dans le couloir, donc tu n'as rien à faire » ? Qui se poursuit par une affirmation qui n'est pas une demande explicite : « il y a ce document à corriger. » Et qui se termine par une justification/explication plus ou moins tendancieuse car elle pourrait signifier : « je travaille, moi ! »

Ou bien est-ce la seconde qui semble sortir de la bouche d'une personne qui ne se positionne pas au juste niveau de communication. Cette personne, n'est claire ni sur sa demande, ni sur la répartition des responsabilités : elle pourrait ne jamais « repasser plus tard » et faire, elle-même, un travail qui ne lui incombe pas.

Vous l'avez naturellement deviné : aucune de ces deux attitudes ne paraît acceptable, mais pour des raisons différentes. L'excès d'autorité et le dénigrement sont aussi inefficaces que le manque d'affirmation et de clarté du message.

Ne confondez pas « relation hiérarchique » ou « niveau de responsabilité » et « ton de communication » !

Qui que vous soyez, votre fiche de description de poste (si elle existe !) ne mentionne pas le ton de communication à adopter avec vos interlocuteurs. Il n'est d'ailleurs en aucun cas lié à votre position dans l'organigramme de votre entreprise.

Que ce soit pour une instruction, un ordre ou, a fortiori, une demande adressée à une assistante, efforcez-vous d'attacher autant d'importance au fond qu'à la forme. Et d'ailleurs, plus la demande est sensible ou à fort enjeu, plus la forme doit être soignée… tout simplement pour mettre de l'attention, du respect et de l'authenticité, indispensables au développement d'une véritable « alliance ».

Bref, pour éviter d'être qualifié de « petit chef », adressez-vous à votre assistante, ainsi d'ailleurs qu'à vos collaborateurs, comme à votre patron.

La bonne manière de solliciter l'aide d'un collaborateur

Si la demande est urgente et/ou importante, commencez par le dire avant d'exiger une disponibilité immédiate.

Ne déboulez pas dans son bureau sans vous être assuré de sa disponibilité.

Éventuellement, obtenez d'abord la confirmation explicite de sa disponibilité.

Utilisez une intonation d'autant plus calme et posée que la demande est importante ou urgente.

« S'il vous plaît » et « merci » valent aussi, et surtout, pour la fois suivante !

Certes les règles de politesse communément admises prônent les « petits mots magiques » tels que « s'il vous plaît » ou « merci » au début et à l'issue de la formulation d'une demande, mais, prenez un peu de recul, et imaginez les dégâts que vous causez en oubliant ces mots – ou ces attitudes ou autres expressions – qui témoignent de l'attention que vous portez à la personne à qui vous vous adressez.
Sans cette attitude générale vous vous tirez des balles dans le pied en générant des attitudes de méfiance, de rejet ou d'évitement pour vos futures demandes. Des attitudes qui peuvent

aussi être contagieuses et se répandre au sein d'une équipe ou d'un groupe de salariés de l'entreprise, et vous pénaliser d'emblée dans l'exercice de vos futures missions ou responsabilités.

3 règles d'or pour formuler une demande à une assistante ou un collaborateur

1. Prendre le temps pour favoriser de bonnes conditions d'écoute :
   - sans interrompre brutalement,
   - avec un mot d'introduction : « bonjour », « s'il vous plaît », ou bien dire le nom de la personne...
2. Formuler une demande claire, faisable et complète :
   - expression concise, pas de jargon incompréhensible ni de non-dit,
   - en vous assurant que l'objectif, les moyens et le délai sont prévus.
3. S'assurer de la bonne compréhension de la demande :
   - par un « est-ce que tu as tout ce qu'il te faut? », un « c'est OK? »,
   - ou encore un « tu as besoin d'autre chose? ».

Ce qui est évident pour vous ne l'est pas automatiquement pour l'autre!

Combien de conflits, d'échecs, d'erreurs trouvent leur origine dans un malentendu! Parce qu'il était évident d'en garder une copie avant d'envoyer le courrier, parce que « à tout le monde » ne voulait pas dire « à toute la société », parce que « c'est bon pour aujourd'hui » ne veut pas dire « tu peux rentrer chez toi ».

Donc, soyez précis, complet et explicite, et prenez le temps de vous assurer que votre demande est bien comprise par la personne à qui vous la formulez. Consacrez-y du temps, et ne bâclez pas votre demande sous prétexte que vous êtes pressé : sinon cela vous demanderait d'ailleurs d'y passer plus de temps ultérieurement pour refaire, rectifier, compléter ou rattraper la bourde.

De plus, en passant du temps à valider que vous êtes bien « en phase » avec votre collaborateur, non seulement vous travaillez sur le fond, ce qui évitera les erreurs ultérieures, mais vous « travaillez » aussi la qualité et la solidité du lien avec le collaborateur en l'écoutant, en le formant, en l'accompagnant… et tout simplement en le prenant en compte.

Un gros malentendu…

Un « pro » du marketing face à une vingtaine de responsables commerciaux. Celui-ci veut les aider à voir clair dans l'appréciation « scientifique » de leur fonds de commerce : il a en effet pris le temps de l'analyse avec l'identification des différents segments de clients, leur rentabilité, leur fidélité, etc.

Bref, il savoure déjà les quelques éléments très intéressants qu'il va leur communiquer.

Il fait donc une courte introduction à cette étude qu'il a réalisée et… patatras, il se prend les pieds dans le tapis en disant : « Il m'a semblé que la connaissance que vous avez de votre clientèle était insuffisante… » Stupeur dans l'assemblée, les commerciaux se mettent à grogner devant cette idée ahurissante ! « Comment, nous, ne pas connaître nos clients… ? »

Heureusement en un instant, le « pro » du marketing comprend sa faute et la répare : « Pardon je me suis mal exprimé, bien entendu vous connaissez bien vos clients, j'en suis persuadé ! Mais je voulais juste vous dire que l'étude que j'ai menée

→

sur votre fonds de commerce, va vous permettre d'améliorer la connaissance individuelle que vous avez de chacun de vos clients. Elle va vous apporter une vision plus globale et plus organisée de votre fonds de commerce que celle que vous aviez jusqu'à maintenant ! Je vais vous donner par exemple, le pourcentage exact de vos clients qui sont les plus fidèles, de ceux qui sont les plus rentables, de ceux que l'on peut regrouper dans un segment particulier et qu'on peut donc solliciter de manière plus adaptée et plus efficace ! » Soupir de soulagement de la part des commerciaux qui soudain reprennent de l'intérêt pour ce « pro » du marketing…

Défaut de communication ? L'un pensait connaissance globale des clients et les autres connaissance individuelle…

Pour éviter ce type de malentendu, pensez à définir les termes que vous allez utiliser !

Si vous avez un cœur de pierre…

S'il vous est difficile de féliciter, de complimenter, de remercier chaleureusement… il vous reste encore une solution facile à mettre en œuvre : le petit cadeau. C'est le geste qui touche : un gadget ou un objet rapporté d'un voyage, une boîte de chocolat en fin d'année, un brin de muguet la veille ou le lendemain du 1er mai, un bouquet de fleurs après un projet ayant exigé une grande disponibilité…

Au-delà du plaisir gustatif et visuel que vous offrez, ce geste est aussi le signe témoignant de l'attention portée à l'autre, le signe que l'autre compte à vos yeux. Et si ce geste ne remplace pas une augmentation de salaire ou une promotion, il est précieux pour la relation humaine d'un responsable avec une assistante ou un collaborateur, de deux collègues, etc.

Solliciter un rendez-vous

Sachez et osez utiliser le rendez-vous formel pour les sujets sensibles ou importants !

Organiser un rendez-vous contribue à « sacraliser » une demande ou un sujet. Le rendez-vous permet en effet de dédier un temps à un sujet particulier, et de solliciter des personnes dans un cadre plus intime…

Ne négligez pas le délai du rendez-vous : sachez bousculer un agenda ou donner le temps de la préparation !

Le délai qui court jusqu'à la date et l'heure du rendez-vous n'est pas anodin : il peut éventuellement générer une impatience ou une anxiété, il peut permettre un temps de préparation ou de prise de recul. Il donne des indications sur l'importance attribuée au sujet.

Pourquoi un rendez-vous ?

Avant toute chose parce qu'il est parfois préférable d'évoquer des sujets délicats, difficiles à exprimer ou personnels en tête à tête avec quelqu'un et non pas en réunion devant trop de monde, ni dans un couloir au su de n'importe qui ou entre deux portes en coup de vent. Un rendez-vous peut ne durer qu'un quart d'heure, mais ce quart d'heure peut être dense et très efficace (souvent même plus efficace qu'une heure !).

De plus, la rencontre aura « démarré » dès la prise du rendez-vous, car ce n'est pas seulement le contenu de ce qui sera dit au cours du rendez-vous qui est important, c'est aussi le fait même de prendre rendez-vous qui compte. C'est, finalement, l'attitude générale tournée vers l'autre personne qui témoigne de votre attention, qui s'intéresse à l'autre ou au sujet et qui donne de l'importance à ce que vous allez ensuite dire à cette personne.

Nous n'insisterons pas trop sur le fait que le rendez-vous est aussi un « outil » qu'il faut savoir utiliser pour recueillir de l'information, en transmettre, régler un problème, trouver une solution, etc., sans mobiliser des moyens trop importants. Mais attention, un rendez-vous se prépare !

Évident et facile, nous direz-vous ! Et il est vrai que prendre un rendez-vous pour faire un point d'avancement sur un projet ou obtenir des données prévisionnelles sur l'activité du trimestre suivant ne pose pas véritablement de difficultés particulières. Mais qu'en est-il du rendez-vous pour demander une augmentation (voir *Demander une augmentation*, p. 124), pour faire part d'un malaise ou pour évoquer des aspirations professionnelles ?

Et comment prendre un rendez-vous ? Une seule consigne : ALLEZ DROIT AU BUT !

Ne tournez pas autour du pot, vous gagnerez du temps et de la sincérité : rappelez-vous que ce que vous voulez cacher se voit toujours plus ou moins ou finit toujours par se voir à un certain moment. Si vous éprouvez une difficulté à formuler votre demande parce que vous êtes gêné, inquiet, impatient… dites que vous êtes gêné, inquiet, impatient. Explicitez à voix haute votre état d'esprit intérieur car il est peine perdue de vouloir le masquer : votre gêne, votre inquiétude et impatience se voient !

Comment transformer un état d'esprit intérieur négatif en une puissante ressource ?

Prenez le temps de réfléchir pour pouvoir mettre un nom sur cet état d'esprit.

Commencez par dire à votre interlocuteur dans quel état d'esprit vous êtes.

Formulez ensuite directement votre demande.

Confirmer un rendez-vous

Si vous ne souhaitez pas revivre la gêne, la frustration et l'agacement du rendez-vous manqué où chacun, chez lui, a attendu l'autre, prenez quelques minutes pour confirmer, par mail par exemple, la date, l'heure et le lieu du rendez-vous dont vous venez de convenir.

Cette confirmation peut aussi être l'occasion de rappeler succinctement l'objet du rendez-vous que vous venez de solliciter et de remercier par avance de la disponibilité de votre interlocuteur.

Rappelez-vous aussi que vous évoluez dans une organisation, et que si d'autres personnes sont concernées par ce rendez-vous, elles doivent être prévenues pour ne pas être mises devant le fait accompli ; et, si vous le faites, ne le faites pas la veille : « Au fait, je t'ai dit que je voyais demain le DRH pour mon évolution professionnelle ? »

Jouez « franc jeu » dès le départ : cela vous évitera ensuite de devoir dépenser de l'énergie ou de vous « prendre la tête » pour trouver une explication bancale ou inventer un alibi afin de justifier une situation délicate dont vous aurez été vous-même à l'origine.

Savoir commencer par dire « oui » même si on a envie de dire « non »

Il n'est guère facile de dire « non » lorsqu'on n'est pas d'accord avec quelqu'un. Dans toute discussion, on passe continuellement d'accord en désaccord constaté et de cet échange de points de vue sort, du moins faut-il l'espérer, un compromis sur lequel on peut décider, fonder une action.

Cet accord se fait en raison même de la capacité de chacun à avoir su renoncer à une part de son point de vue. Ce qui était essentiel a été conservé, ce qui ne l'était pas ne l'a pas été. C'est cette capacité de chacun à percevoir la différence entre l'essentiel et le reste qui peut conduire à un accord. Si, en revanche, sur les détails, on reste accroché comme un coquillage à son rocher, on ne peut aboutir et chacun restera sur ses positions.

C'est la raison pour laquelle il faut travailler en amont pour distinguer l'essentiel du secondaire. Voici comment vous pouvez procéder :

- formaliser vos idées pour qu'elles soient claires,
- bien avoir en tête quel est l'objectif majeur et quels sont ceux qui ne sont que des objectifs intermédiaires ou secondaires,
- identifier ce que vous pouvez concéder sur le fond d'une part et sur la forme d'autre part.

Puis vous apprendrez à commencer par dire « oui » à toute remarque, toute suggestion non pas pour l'approuver mais pour l'accueillir et inviter votre interlocuteur à la développer : « Oui, je comprends ta remarque, mais peux-tu me dire pourquoi… » ou « Quelles sont les raisons qui te conduisent à dire cela… ? »

Ce qu'il faut comprendre est ceci : si un « non » apparaît, c'est qu'il y a un problème, un obstacle chez votre interlocuteur. Quel est-il ? Qu'exprime-t-il ? C'est à vous à faire ce qu'il faut pour le comprendre ! **Votre rôle à ce moment ? Aider votre interlocuteur à réaliser vraiment ce qu'il est en train de dire car ne croyez surtout pas que c'est forcément clair dans sa tête !**

Dans un deuxième temps, vous manierez le « non ». Ou plutôt, vous avancerez votre point de vue. Si, en effet, vous pensez avoir pleinement raison sur le fond, vous pouvez, après l'avoir écouté et lui avoir concédé des points secondaires, revenir sur l'essentiel pour argumenter sur la justesse de votre point de vue et le lui faire accepter. Cela nous rappelle l'histoire de Vincent, excellent débatteur, qui disait toujours à celui dont il ne partageait pas le point de vue : « Tu as sûrement raison, mais… »

Cette attitude avait pour effet principal de maintenir l'échange dans le registre de la concorde et non de la discorde.

Monsieur « oui » et monsieur « non »…

Ils étaient deux et faisaient des affaires ensemble. Très complémentaires, ils avaient à eux deux une offre complète qui satisfaisait le client. L'un construisait savamment la relation commerciale, l'autre construisait scrupuleusement l'organisation et le bon déroulement des opérations et des procédures.

Un jour, le client les croise sur le lieu du chantier qu'ils animaient et leur pose à la cantonade une question technique appelant une réponse ou du moins une réflexion avant de répondre.

D'une même voix comme à l'unisson, l'un dit « oui », voulant dire par là son accord de principe sur la prise en compte de la question ; et l'autre dit « non », voulant dire par là son refus

→

« technique » et de principe sur la question posée avant même toute réflexion !

Éclat de rire du client qui s'exclame : « Ah, je vois... vous, vous êtes monsieur Oui et vous, monsieur Non ! »

Pour ne pas heurter, choisissez plutôt de commencer par dire « oui » !

Proposer une idée à son patron

Vous avez une idée de génie ? Vous sentez qu'elle sera, sinon l'idée du siècle, une idée qui va révolutionner le monde... !

Vous êtes donc tenté d'aller en parler. À votre chef qui va vous aider à la mettre au monde, à vos pairs qui vont reconnaître en vous un être d'exception... Hélas, là se situe le premier écueil : vous brûlez d'envie de vous répandre. Vous ne vous rendez pas compte des dégâts que vous allez faire avec votre idée, même si celle-ci est en effet digne d'être discutée !

Sachez, dans un premier temps, rester dans la discrétion : vous avez bien le temps de sortir du bois...

Prenez un papier et notez noir sur blanc l'idée à laquelle vous songez. Voici comment :

- Faites un état des lieux avant l'émergence de votre idée.
- Décrivez le contexte de cette idée.
- Dites qui est concerné par elle.
- Exprimez ce que cette idée va apporter.
- Clarifiez les efforts que cette idée va exiger.
- Identifiez les conséquences probables de cette idée.
- Chiffrez la mise en œuvre de votre idée.
- Etc.

En guise de leçon... Souvenez-vous que vous rencontrerez beaucoup de gens qui diront avoir des idées. Plus rares seront ceux qui sauront vous les expliquer clairement. Quant à ceux qui seront capables de les mettre en œuvre, vous les compterez sur les doigts d'une main !

Vous avez là le plan nécessaire pour faire un bon papier sur votre idée, avant d'aller en parler à votre patron !

C'est la raison pour laquelle nous vous recommandons de faire ce travail de préparation, de formalisation des idées que vous pourrez avoir. Ne serait-ce que par souci de ne pas perdre trop de temps à en parler si cette idée ne résiste pas à sa clarification sur le papier. En noircissant votre page, vous vous apercevrez vite si cette idée vaut le coup de s'y appesantir ! Et si tel est le cas, vous faciliterez ainsi votre effort de promotion le moment venu, à votre patron, à vos pairs !

Vous avez une idée de génie ? Voici ce qu'il faut faire...

1. La coucher sur le papier
2. Prendre le temps de la digestion une fois le papier écrit
3. Faire une synthèse sur une demi-page
4. La soumettre à deux ou trois personnes qui ne sont pas dans le même métier
5. Intégrer leurs remarques et suggestions
6. Demander un rendez-vous à votre patron
7. Lui annoncer l'idée de la manière la plus synthétique possible
8. Lui expliquer ensuite les raisons qui la fondent
9. Prendre note de ses réactions
10. Vous poser comme la cheville ouvrière du projet

S'exprimer, donner son point de vue quand on n'est pas d'accord

A priori, il n'est guère facile de dire à quelqu'un qu'on n'est pas d'accord avec lui. Cela arrive pourtant assez souvent et l'on peut même dire que c'est notre pain quotidien dans l'entreprise. Car comment imaginer un univers où tout le monde serait d'accord sur tout ?

D'ailleurs ne faut-il pas envisager les choses de manière plus positive et dire ceci : ne pas être d'accord, c'est le lot de toute collaboration, de tout travail fait en commun. Et c'est notre capacité à « gérer » ces désaccords qui fera de nous des personnes capables de travailler en équipe ou pas. Ce qui suppose un travail sur soi et un travail sur l'autre, faits d'écoute attentive et de prise en compte des intérêts de celui avec qui l'on va collaborer. C'est cet effort fait l'un envers l'autre qui rend la vie possible dans une communauté. Ce qui ne veut pas dire qu'il faut taire son point de vue différent, atténuer ses positions ou rabaisser son ambition. Non, il convient juste de **dire les choses avec un peu de tact et de manière.**

Et tout en affirmant qu'il convient de ne pas taire un désaccord, rappelons **les quatre principes** qui vont vous aider à faire passer votre message de désaccord avec tact :

1. il faut commencer par rappeler ce sur quoi on se sent en accord,
2. il faut ensuite dire clairement ce sur quoi on est en désaccord,
3. puis il faut exprimer les raisons qui font que l'on n'adhère pas (raisons objectives ou raisons personnelles),
4. enfin il faut ouvrir d'autres pistes d'accord (si cela est possible).

Il va sans dire qu'avec quiconque dans l'entreprise, la façon d'agir est la même. Avec un chef, il faudra mettre des formes sans doute plus respectueuses, moins directes. Par exemple, il faudra peut-être annoncer lors de la prise de rendez-vous que vous avez une suggestion à faire pour sortir de telle ou telle ornière, que vous allez préparer un papier sur le sujet (que vous ne manquerez pas de commenter pendant le rendez-vous), etc. Il faudra peut-être ménager son ego en l'associant à votre suggestion avant de l'annoncer… Par exemple en lui laissant énoncer ce que vous êtes en train d'avancer comme proposition : dans l'exemple ci-après, au quatrième point, vous pouvez parfaitement suggérer d'agir sur le prix avant de dire comment : « Ne pensez-vous pas qu'il conviendrait d'agir sur le prix quitte à limiter cette action dans le temps… ? » Il ne manquera pas de vous inviter soit à prolonger votre pensée (parce qu'il ne voit pas où vous voulez en venir), soit à vous suggérer ce que vous vous apprêtiez à annoncer (parce qu'il a compris où vous voulez en venir).

C'est la manière dont vous vous y prenez pour faire valoir votre point de vue (tout en ne négligeant aucunement le point de vue de l'autre), qui peut permettre d'envisager une évolution vers un accord différent mais intégrant certains aspects des deux points de vue !

Certains diront sans réfléchir qu'il s'agit de manipulation ! Erreur, il s'agit là de faire comprendre afin de faire avancer les choses en prenant en compte le point de vue de l'autre et en faisant un travail de rapprochement des points de vue, salutaire pour tous !

Comment dire son désaccord à un collègue ?

Pierre et Jean doivent faire une proposition à un prospect. Ils sont d'accord sur tout sauf sur le prix à proposer.

Pierre qui voit les choses de manière optimiste propose un prix de la prestation envisagée en haut de la fourchette. Jean qui est moins optimiste propose un prix moindre pour cette première affaire avec ce prospect afin de l'appâter.

Tous les points de vue se défendent mais, hélas, leurs discussions n'aboutissent pas.

Jusqu'au moment où Jean prend une initiative. Il va voir Pierre et lui dit ceci :

1. Pierre, je crois que tu as raison sur un point : ce prospect, il ne faut pas commencer à travailler avec lui sur de trop faibles bases de prix... nous aurons en effet du mal après à relever les tarifs. *(Premier principe : il rappelle leur accord commun sur ce point qui est davantage la position de Pierre.)*
2. Cependant, je crois pour ma part que ce client va être difficile à conquérir avec un prix élevé comme celui que tu envisages. *(Deuxième principe : il dit son point de désaccord.)*
3. Il me semble en effet que ce prospect est certes tenté de faire une expérience avec nous mais que notre prix constitue un frein objectif ; il a ses habitudes chez un autre fournisseur et cela va être difficile de l'en faire changer. *(Troisième principe : il dit les raisons de son désaccord.)*
4. Donc, je me demande s'il ne faut pas consentir un effort si l'on veut le conquérir tout en lui disant que ce prix est un prix d'appel, qu'il en bénéficiera pendant quelques mois mais qu'il sera réajusté à terme. Nous aurons conquis ce client et, très vite, il sera au juste prix que nous attendons. Qu'en penses-tu ? *(Quatrième principe : il ouvre de nouvelles pistes d'accord.)*

Le cas d'un désaccord dans une réunion

Si l'on n'est pas d'accord avec quelqu'un lors d'une réunion, faut-il exprimer ce désaccord publiquement? Et comment faire pour que ce ne soit pas ressenti comme une déclaration de guerre?

Tout d'abord il convient de se poser quelques questions : de quel genre de désaccord s'agit-il? Est-ce un désaccord de fond ou bien n'est-ce qu'une broutille? Ensuite, avec qui avez-vous ce désaccord? Est-ce avec votre hiérarchie directe, indirecte? Est-ce avec un collègue du même service ou d'un autre service? Il n'est pas inutile de se poser ces questions avant d'agir!

S'il s'agit d'une broutille...

Il convient de relever le point de désaccord et de dire les choses clairement mais plutôt sous la forme d'une question que d'une affirmation péremptoire. Par exemple, si l'on pense à une idée nouvelle, il vaut mieux dire : « Vous avez choisi de faire ceci mais avez-vous envisagé d'autres options? » Plutôt que d'affirmer : « L'option que vous avez choisie ne convient pas, il vaudrait mieux en choisir une autre comme... » En posant la première question, vous permettez à la personne visée de garder la main, soit en vous invitant à vous exprimer, soit en refermant la discussion en expliquant que tout a été vu sous tous les angles.

S'il s'agit d'une question importante...

Si tel est le cas et si la moindre remarque nécessite moult discussions, sachez revenir vers votre interlocuteur après la réunion avec un message clair exprimant votre inquiétude, votre incompréhension ou votre étonnement, ainsi que vos questions et éventuellement vos suggestions. Ce message doit envisager un rendez-vous avec la personne afin d'éclairer les points de vue, les possibilités, les obstacles, etc.

Apprenez à identifier différents types de désaccords

Selon la nature du désaccord, l'attitude à adopter sera différente. Les aspects sur lesquels vous pourrez jouer, ou avec lesquels vous devrez composer, sont essentiellement :

- **le temps,** plus ou moins long pour arriver à une convergence des protagonistes,
- **le lieu ou le contexte,** plus ou moins « public » pour faire éventuellement appel à des aides extérieures ou, au contraire, pour limiter l'impact sur les autres,
- **l'écrit ou l'oral,** le premier permettant la prise de recul émotionnel, le deuxième favorisant l'interactivité.

Le désaccord sur les faits : il s'agit du fond, d'une action, d'un geste, d'une information écrite, d'une décision, etc. Il se règle plutôt facilement et rapidement en revenant sur l'historique des faits, en (re)formalisant des données sur un paper-board, en sollicitant une tierce personne... Il donne souvent lieu à une explication, une clarification visant à rectifier des différences de perception d'un même fait.

Le désaccord sur les processus : dans ce cas il s'agit de la forme, de la façon de faire ou de procéder; or dans les processus que nous mettons en œuvre s'exprime une part de notre personnalité, de notre opinion. Les désaccords sur les processus sont plus longs à être réglés; il faudra échanger, argumenter, arbitrer... et, souvent, en plus petit comité qu'au cours d'une réunion plénière.

Le désaccord sur les valeurs : celui-ci est beaucoup plus délicat à régler car il fait appel à des notions plus profondes et structurantes de chacune des personnes mises en jeu. Aller à l'encontre de ses valeurs peut être temporairement acceptable; mais si celles-ci sont réellement heurtées, le respect de soi impose une décision forte de retrait, d'abandon, de démission, etc.

SAVOIR-VIVRE = EFFICACITÉ PROFESSIONNELLE

Comment faire un (petit) reproche ?

Vous êtes agacé par quelqu'un qui passe son temps à râler ou qui se plaint continuellement de tout et de rien… Vous cherchez donc à lui faire remarquer son petit travers. Vous avez deux choix :

- soit lui dire la vérité : « Tu te plains de ceci ou de cela… », mais là, vous ne savez pas ce qui peut résulter de votre remarque…
- soit vous associer à ce petit travers quand bien même cette façon de procéder ne vous ressemble pas, en disant ceci : « On se plaint toujours mais… » et là rien ne vous empêche de dire ce que vous pensez vraiment…

Un peu d'empathie fera que votre reproche sera mieux accepté !

Faire une remarque personnelle délicate

Ne vous êtes-vous pas déjà retrouvé dans la situation où vous n'aviez pas d'autre issue que de devoir faire une remarque très personnelle, voire intime, à quelqu'un, mais sans oser le faire ?

Et pourtant, si vous considérez la situation la plus objectivement possible, n'est-ce pas un très grand service à rendre à une personne que de lui dire que son ton de voix est fatigant pour son entourage, que sa façon de faire irruption dans les bureaux est dérangeante, que sa tenue vestimentaire est inadaptée au contexte, que son parfum est difficile à supporter pour certains, que son odeur corporelle incommode son entourage ?

N'est-ce pas la possibilité de lui donner, ou redonner, une chance de mieux s'intégrer dans une équipe, d'être maintenue dans un poste, de retrouver la considération des autres ?

Alors n'hésitez plus et rendez ce service. Osez dire ce que tout le monde aimerait dire, mais ne dit pas faute de savoir le faire :

1. ***Choisissez le bon moment :*** en tête à tête, à l'écart, lorsque l'ambiance est détendue, en fin de journée ou tôt le matin avant que tout le monde arrive.

2. ***Exprimez la difficulté ou l'aspect délicat de ce que vous avez à dire :*** « J'ai quelque chose de délicat à te dire... », « Je ne suis pas très à l'aise pour te dire cela, mais... ». Éventuellement, demandez une autorisation : « Est-ce que je peux te dire quelque chose de délicat... ou de personnel ? » En procédant ainsi, vous préparez la personne qui ne sera pas prise par surprise, d'autant qu'elle vous aura donné auparavant sa permission.

3. ***Dites le plus simplement,*** avec vos mots et sans périphrase, ce que vous aurez, au préalable préparé par écrit, sans porter de jugement ni donner d'emblée des conseils. Et, si possible, en exprimant aussi du positif : « Avec ton arrivée, l'ambiance a totalement changé et toute l'équipe me le dit. Il y a juste une chose : la façon dont tu t'habilles ne me semble pas adaptée à l'image que nous souhaitons donner », « Je voulais te dire que ton odeur corporelle dérangeait les personnes qui travaillent avec toi. Peut-être l'as-tu déjà remarqué ? ».

Surtout ne portez pas de jugement, car sur ce terrain personnel, tout est subjectif. Vous pourriez vous tromper en voulant bien faire et en donnant des conseils ; contentez-vous de suggestions, posez éventuellement des questions factuelles. Autant que possible, faites référence à des faits.

Faire face à une attaque ou à une demande exagérée ou inopportune

Que vous l'ayez vu venir ou non, l'« agression » caractérisée et bien ciblée, la remarque déplacée à votre encontre ou la demande improbable peut surgir à tout moment et vous mettre en danger :

- de susciter l'incompréhension, voire le peu de considération de votre entourage, si vous ne réagissez pas et encaissez le coup… en apparence du moins !
- de surprendre et de rajouter de l'huile sur le feu en réagissant ou surréagissant, montrant ainsi ce que certains pourraient maladroitement appeler « votre vraie nature ».

La bonne attitude, dans une telle situation, n'est donc ni la première ni la seconde. Vous ne devez pas laisser passer une telle parole à votre encontre, mais vous devez aussi vous méfier de ne pas laisser s'exprimer uniquement vos émotions.

Vous gagnerez ainsi en impact et en assertivité ; d'ailleurs, il y a fort à parier que votre responsable réfléchisse à deux fois avant de formuler une autre demande exagérée ultérieurement, ou que vos collègues ne se prêtent plus à ce « petit jeu » de la brimade ou l'agression.

Pensez à la patate chaude !

Vous recevez une attaque, ayez tout de suite le réflexe de renvoyer, calmement et sans agressivité, quelque chose à l'émetteur de façon à avoir le temps de reprendre vos esprits en même temps que l'agresseur précise son intention : non pas, donc, par un « toi-même » qui ne ferait qu'envenimer la situation, mais, par exemple, par une question factuelle de type :

→

« Qu'est-ce qui te fait dire cela ? »

« À quoi le vois-tu ? »

« En quoi est-ce si important pour toi ? »

« Qu'entends-tu par "incapable", par "boulet" ou encore par "pas à la hauteur" ? »

Votre objectif doit être d'aller au-delà de l'attaque et de son impact sur vous (car il est clair qu'elle ne peut pas vous laisser indifférent), pour aller vers une issue « gagnant gagnant »*. Pour cela, vous pourrez, selon votre aisance :

- utiliser l'humour ou des métaphores pour décrire, selon vous, ce qui se joue,
- exprimer ce que vous ressentez dans cette situation,
- rechercher les intentions positives qui se cachent derrière cette attaque.

Vous oserez exprimer ce que vous fait cette « attaque », l'état d'esprit dans lequel vous êtes, votre ressenti de l'instant. Il n'est d'ailleurs pas toujours facile de bien identifier cet état d'esprit pour le désigner par un mot. Utilisez la formulation : « **Je** suis très énervé… », « **Je** suis lassé de… », « **Je** suis complètement étonné de… ». Privilégiez le « Je » avec lequel vous ne risquez rien puisque vous parlez de vous : proscrivez le « Tu » qui tue, par son agressivité et le jugement qu'il communique.

Vous garderez aussi à l'esprit que, pour dépassionner un débat et rétablir une communication neutre, vous devez privilégier la référence à des faits tangibles, vous devez analyser, préciser, quantifier : dans le raisonnement et l'analyse, il n'y a pas de place pour l'affect et l'émotion !

* Voir la méthode **D**écrire les faits, **E**xprimer le désaccord et l'émotion, **S**uggérer les hypothèses, **C**onclure.

Enfin, vous aurez à cœur d'ouvrir le champ des solutions possibles, de mettre en valeur les points d'accord et de remercier pour les contributions constructives.

Demander…

On passe sa vie à ne pas oser demander parce que, paraît-il, cela ne se fait pas… Et pourtant, avez-vous vu comment ceux qui réussissent sont de bons demandeurs ? N'avez-vous pas remarqué comment ils font pour vous demander quelque chose, pour vous « charger » ainsi de quelque tâche dont vous vous seriez bien passé et sans que cela se voie ?

C'est comme ça, pour obtenir, on n'a jamais inventé mieux que de demander ! Et dans l'entreprise, votre succès dépendra pour une grande part de votre capacité à être ou non capable de demander. Quelle que soit votre fonction ou votre mission, vous devrez en passer par là pour obtenir une réponse à une question que vous devez résoudre, une information qui vous manque dans votre travail, obtenir un avis sur un point central concernant votre action, etc. Tous les jours, on se rend compte que l'une des grandes difficultés professionnelles réside dans notre faible capacité à demander.

Une recette miracle à retenir… Pour obtenir, sachez demander !

Mais alors comment s'y prendre ? Réponse : le plus simplement du monde !

Nous allons examiner deux situations qui ne sont pas des plus aisées, de façon à vous préparer pour des demandes plus banales et plus simples sur le papier : obtenir une augmentation, demander une formation.

Demander une augmentation

Parler d'argent, quoi de plus pénible? Pourtant, si on n'ose jamais aborder cette question, il ne faudra pas s'étonner de n'être jamais augmenté, d'être celui qui reste en deçà des autres... avec les risques d'être soupçonné un jour, au vu de sa « petite » feuille de paie, de je ne sais quel vilain défaut! Et pensez aussi que si vous ne demandez jamais d'augmentation, lorsque vous vous mettrez à râler après parce que vous aurez le sentiment d'avoir été oublié, on ne manquera pas de vous dire que vous n'aviez rien demandé!

Certes, on sait bien que la politesse s'accorde mal à l'argent : « On est d'autant plus un homme du monde que l'on est moins un homme d'argent*. » Mais il n'empêche, il est plus que normal de savoir aborder cette question de l'argent; c'est tout simplement vital pour rester dans la course! **Mais il faut le faire avec simplicité, réalisme et franchise.**

- D'abord il faut savoir agir au bon moment : choisissez une période qui n'est pas celle pendant laquelle tous vos collègues se précipitent en même temps chez votre patron pour demander la même chose...
- Ensuite il vous faut lier cette question à un succès incontestable que vous avez su obtenir récemment. C'est en effet ce que vous avez produit dans l'entreprise dans le passé qui va vous permettre de légitimer votre demande.
- Vous devez tenir compte également de la réalité du marché. Par exemple en sachant combien vos pairs gagnent, dans l'entreprise mais aussi hors de l'entreprise. Ce sont des données objectives faciles à trouver qui vont elles aussi rendre légitime votre demande si vous estimez être très en deçà!

* Taine, cité par Georg Simmel dans *La philosophie de l'argent*, PUF, page 298.

Une fois que vous êtes convaincu que votre demande est fondée, il convient que vous vous prépariez. Voici comment :

- Faites la liste de vos réalisations professionnelles en mettant l'accent sur celle qui a le résultat le plus explicite et sur laquelle il n'y a pas de contestation possible quant à votre contribution à son succès et à votre investissement personnel.
- Faites-en une synthèse très factuelle : des faits concrets sur ce que vous avez fait qui doivent fonctionner comme autant de preuves.
- Mettez sur papier quel a été votre parcours en trois lignes depuis votre entrée dans le service dans lequel vous êtes.
- Enfin retravaillez le tout de manière synthétique en construisant votre message oral sur le mode suivant en quatre temps :
  - « Je voulais juste rappeler quelle a été ma contribution ces derniers mois. » **Vous précisez l'objectif du rendez-vous !**
  - « L'objectif était de faire telle ou telle chose… » **Vous l'associez en lui rappelant les objectifs qu'il a lui-même fixés !**
  - « J'ai en effet réalisé telle ou telle chose ou contribué à l'atteinte de tel ou tel objectif ou… » **Vous déroulez les faits !**
  - « Je crois en effet que le moment est venu de me confirmer dans ma fonction ou de revoir à la hausse ma rémunération ou… » **Vous annoncez la couleur !**

Ceci devrait suffire à bien poser le problème aux yeux de votre patron. Il aura ainsi les cartes en main. Être clair dans sa demande, déterminé dans son objectif et juste dans le ton ne peut que vous servir.

Cela participe en effet à établir avec votre patron une relation claire, saine qui ne tourne pas autour du pot. Il appréciera cette bonne manière ! Ce qui ne veut pas dire que vous obtiendrez forcément ce que vous avez demandé. Mais il est sûr que vous aurez choisi le meilleur chemin : celui des bonnes manières et du travail bien fait.

Demander une formation

Il faut absolument vous préparer à cet exercice ! D'abord parce qu'il s'agit pour vous d'une question qui se posera régulièrement (pour la formation du moins) et aussi parce qu'il s'agit d'une question cruciale : celle de la garantie de votre employabilité ! C'est-à-dire de votre capacité à rester au niveau dans les compétences que vous utilisez dans le cadre de votre fonction, de votre métier mais aussi des compétences transversales, comportementales que vous utiliserez tout au long de votre vie.

C'est la raison pour laquelle, dans ce domaine, demander ne devra jamais vous apparaître comme illégitime, déplacé, voire éhonté. C'est le contraire – ne pas se soucier de l'évolution de ses compétences – qui devrait l'être !

Vous devrez donc procéder à un petit examen de l'état de vos compétences par rapport aux autres dans l'entreprise et par rapport au marché (hors de l'entreprise)*.

Voici comment :

- Faites la liste de vos compétences techniques : celles que vous utilisez dans votre métier.

* Voir *2 minutes pour bien se vendre, l'art de parler de soi*, Yves Maire du Poset, Leduc.s Éditions, page 96, le chapitre sur le processus qui consiste à évaluer soi-même l'état de ses compétences personnelles.

- Faites de même pour les compétences comportementales et relationnelles.
- Cherchez à positionner quelles sont celles qui vous paraissent être de solides atouts et celles qui mériteraient d'être relevées.
- Sélectionnez les trois principales dans chaque domaine technique et comportemental en cherchant à positionner leur niveau, en le comparant à celui des mêmes opérateurs du marché (interne ou externe).
- Choisissez la compétence à améliorer qui vous paraît la plus stratégique.
- Retravaillez votre message oral sur le même mode en quatre temps :
  - « Si vous le permettez, je souhaiterais vous parler aujourd'hui de mes besoins de formation. » **Vous précisez l'objectif du rendez-vous!**
  - « Comme vous le savez, je souhaite accroître ma capacité à atteindre les objectifs que vous me fixez... » **Vous l'associez en lui rappelant les objectifs qu'il a lui-même fixés!**
  - « Je crois pouvoir dire que malgré les succès que j'ai obtenus, je gagnerais à en savoir davantage sur tel ou tel sujet... » **Vous déroulez les faits qui vous conduisent à penser ceci!**
  - « J'ai trouvé cette formation qui me permettra de... » **Vous annoncez la couleur!**

Là aussi, en lui faisant comprendre ce dont vous avez besoin pour être meilleur dans votre mission, vous lui faciliterez la tâche! Ne croyez pas qu'il vous en voudra. D'abord parce que pour un manager, le temps est précieux et la question de l'évaluation des besoins de chacun passe toujours en second! Il y aura forcément quelque chose de

Le formidable paradoxe du travail bien fait : il vous apporte satisfaction en même temps qu'aux autres!

plus important que de prendre le temps de savoir si oui ou non il faut une formation pour Pierre ou Marie… C'est la raison pour laquelle, en faisant ce travail de préparation vous-même, vous lui rendez un fier service.

En devançant votre patron sur ce sujet, vous ne faites pas que penser à vous, vous êtes plutôt dans l'empathie la plus extrême puisque vous lui parlez de l'une de ses préoccupations supposées : vous aider à grandir dans l'entreprise !

Peut-on tout demander ? Non, uniquement ce qui est raisonnable !

Ne vous avisez pas de demander à quelqu'un, fût-il votre ami, une chose qu'il ne peut raisonnablement vous accorder. Vous le mettriez ainsi dans une mauvaise posture. Faites plutôt le choix de ne demander que ce qui est du domaine du possible !

Exemple : vous voulez obtenir une facilité, un passe-droit et vous vous en ouvrez à l'un de vos amis qui peut vous l'obtenir aisément mais à la condition pour lui de franchir la ligne jaune… Dans ce cas, vous outrepassez vos droits et votre devoir envers cet ami !

Sur ce sujet, Cicéron nous dit ceci : « Nous pouvons édicter, et de façon irrévocable, la première loi de l'amitié : ne réclamer à ses amis que des choses honnêtes ; ne leur accorder, également, pour les aider, que ce qui est honnête et sans attendre d'y être sollicité.* »

Et ce qui vaut pour un ami, vaut a fortiori pour quelqu'un qui ne l'est pas !

* Cicéron, *L'amitié*, Éditions Arléa, page 44.

SAVOIR-VIVRE = EFFICACITÉ PROFESSIONNELLE

Ce que signifie « demander »

Demander ne veut pas seulement dire : solliciter le temps de quelqu'un, requérir son aide, accaparer ses connaissances...
Cela veut aussi dire que vous lui adressez un message de confiance, d'admiration et d'intérêt envers son expérience, sa séniorité, son intelligence des situations... Demander, c'est aussi dire : « J'aimerais échanger avec vous sur telle question sur laquelle votre regard m'importe... le voulez-vous ? »
C'est lui accorder un crédit dont il peut vous être reconnaissant !
Surtout si vous lui avez préparé et facilité le travail : par exemple, en lui faisant une synthèse immédiatement compréhensible des raisons de votre demande, de l'objectif que vous poursuivez, etc.
Demander, c'est aussi envoyer un message de sympathie !

Face à un événement émotionnellement fort que faire ? Comment féliciter, comment compatir ?

Imaginez un instant ce que serait la vie dans une entreprise (ou toute autre organisation d'ailleurs) si aucune manifestation de joie, de surprise, de satisfaction, de tristesse, de colère, etc., n'était clairement exprimée par les collaborateurs de cette entreprise.

Tout d'abord, il y a fort à parier qu'un sentiment de suspicion générale, de méfiance ou d'inquiétude se développerait : logique, en l'absence d'information explicite, le réflexe est de se faire une idée, de se forger une opinion... au risque de se tromper.

Ensuite, un seuil serait vraisemblablement atteint où tout ce ressenti et cette émotion accumulés et non exprimés exploseraient, telle une Cocotte-Minute, dans un chaos et une confusion aux conséquences graves pour l'avenir de cette entreprise.

Profitez donc de toutes ces occasions qui vous sont données de faire part de votre ressenti ou de votre état d'esprit pour porter de l'attention aux autres et vous faire du bien.

SAVOIR-VIVRE = EFFICACITÉ PROFESSIONNELLE

N'ayez pas peur de féliciter... ni de compatir !

Dans l'environnement professionnel le plus rude qui puisse exister, personne ne peut rester insensible à une marque de sympathie authentique : l'homme est ainsi fait, vous n'y pouvez rien !
Ne vous privez donc pas de ce moyen d'avoir de l'impact sur les autres !
Et si ces témoignages de sympathie devenaient aussi le moyen de présenter une autre facette de ce que vous êtes ? Et s'ils étaient le moyen d'aller au-devant de ceux de qui vous vous étiez éloigné ou jamais véritablement approché ?
Saisissez donc ces occasions de communiquer sur le registre puissant de l'émotion !

Réjouissez-vous du bonheur de l'un de vos collègues !

Qu'il soit très personnalisé ou bien simple et court, un mot à l'occasion d'une naissance, d'un mariage, d'une victoire sportive, d'une promotion… ne peut que faire du bien à tout le monde, voire aplanir des relations tendues ou créer un lien : « Félicitations pour… », « Je suis heureux pour toi ! », « Je voulais te faire part de mon admiration pour ta… », « Quel bonheur de vous voir heureux comme cela… », « Bravo ! Tu dois être content… tu as sûrement déjà plein de projets en tête ! »… Vous trouverez des modèles de lettres p. 72-77.

Fêtez vos succès collectifs !

Octroyez-vous ainsi qu'à vos collègues un peu de temps pour « profiter » de ces grands moments de satisfaction collective quand vous avez gagné un contrat, bouclé un projet, clôturé un événement, et qu'il va falloir enchaîner sur autre chose. C'est le moment de faire le plein d'énergie et de bonnes intentions. Nous ne savons pas assez bien tirer tout le bénéfice de ces moments fugaces.

Et s'il s'agit de la promotion de votre responsable ?

Soyez heureux d'avoir travaillé avec, et sous la responsabilité, de quelqu'un qui « prend du galon ». C'est le moment ou jamais de provoquer un rendez-vous formel ou d'organiser un déjeuner au cours duquel vous pourrez :

1. ***Féliciter votre responsable pour sa promotion :*** il n'y a que du positif à cela, à condition de ne pas en faire trop. Et pourtant, la promotion signifie aussi le départ de votre patron, donc l'émotion générée par une séparation, un changement et son cortège de remises en question.

2. ***Faire un point avec lui,*** avant son départ, sur votre collaboration, sur ce qu'il a apprécié chez vous, sur ce que vous avez apprécié chez lui. Demandez-lui conseil sur votre façon de travailler, pour votre carrière.

3. ***Anticiper :*** vous ne savez pas de quoi est fait l'avenir. Prenez date, du moins proposez-en le principe, pour un déjeuner régulier et annuel afin de garder le contact : votre responsable fait partie de votre réseau dans votre entreprise, voire en dehors de l'entreprise. Demandez-lui de pouvoir le citer pour des demandes de référence (et pourquoi pas de vous rédiger une lettre de recommandation !).

Et vis-à-vis d'un collègue licencié ?

C'est, par essence, le moment où votre collègue aura besoin de vos marques de sympathie. Bien sûr, le motif réel du licenciement est important car il est inutile de faire semblant de témoigner votre sympathie à un collègue qui, par ses comportements, aurait heurté vos valeurs. Dans ce cas, arrangez-vous pour évoquer ouvertement le fait que vous êtes au courant de son licenciement et contentez-vous ensuite du minimum du savoir-vivre quotidien.

Dans les autres cas, vous aurez de nombreuses opportunités de rendre la période de préavis de votre collègue moins désagréable.

- Soyez vigilant quant à prendre parti pour l'un ou pour l'autre : les dés sont jetés, efforcez-vous donc d'être le plus factuel.
- Gardez le contact avec ce collègue jusqu'à son départ et, pourquoi pas, après sa sortie de l'entreprise ; à l'occasion d'un déjeuner par exemple.

Manifestez votre émotion à un collègue endeuillé ou touché par la maladie !

Les moments tristes sont, comme les moments heureux, des moments à ne pas ignorer. Les reconnaître, c'est aider l'autre à avancer dans l'acceptation de la situation, c'est aussi « officialiser » que vous connaissez la situation et vous éviter la gêne du non-dit pour la suite de vos relations. Certes, ce n'est pas une situation facile (puisqu'elle vous touche aussi, la preuve !) mais vous n'avez pas le choix… pour le bien de tout le monde. Cela va au-delà du savoir vivre.*

Alors, là encore, osez dès que vous avez connaissance de la situation. Allez à la rencontre de la personne, dites-lui que vous avez appris la situation et que « *vous êtes de tout cœur avec elle* », « *toutes vos pensées vont vers elle* » ; vos mots les plus simples seront les meilleurs. Pas besoin d'en rajouter trop. Un sourire ou une main posée sur l'épaule peut ajouter une touche chaleureuse.

Si vous êtes en mesure de pouvoir le faire, parce que vous êtes le responsable, un collègue proche ou à la direction des ressources humaines, vous pouvez ajouter : « Si tu penses qu'il y a quelque chose que je peux faire et qui pourrait t'aider, parle-m'en. » Voir les exemples de lettres page 77.

* Voir *Écrire dans l'entreprise*, p. 67.

6 La question du déjeuner de travail

Il est difficile d'échapper à ces moments qui, pour certains, sont de véritables calvaires et, pour d'autres, des moments de réjouissance. Une chose est sûre : dans ces circonstances, anodines en apparence, vos manières de vivre ce moment, de vous tenir à table, de savoir quoi dire et quoi faire… seront jugées, et si elles ne correspondent pas à ce qui est attendu, vous en subirez les conséquences.

Déjeuner avec un client

S'il s'agit de déjeuner avec un client, votre devoir est de faire en sorte que ce moment soit un bon moment pour celui que vous avez convié. Après tout, c'est le but de l'opération : espérer la poursuite des affaires engagées, espérer en produire de nouvelles…

Nous n'allons pas passer en revue toutes les bonnes manières qui conviennent en de telles circonstances, depuis l'art d'accueillir quelqu'un dans un restaurant jusqu'à l'art de tenir son couteau à poisson. Nous l'avons dit, notre livre n'est pas ce recueil des manières les plus raffinées qu'il convient de suivre dans les plus grandes occasions. Nous allons plutôt tenter de vous dire quelles sont les bonnes attitudes qui vont favoriser la bonne entente et, du coup, optimiser au mieux ce temps passé avec un client.

Tout d'abord, il importe de rappeler quelques points essentiels selon nous :

- Un déjeuner de travail est fait **pour travailler** même si le lieu et les circonstances peuvent à certains moments donner l'illusion que l'on est en vacances.
- Les occasions et les tensions possibles seront nombreuses de perdre **le contrôle de la situation** : les discussions dues aux affaires elles-mêmes, celles qui sortent du cadre du travail, les réalités du déjeuner qui ne manqueront pas de vous rappeler qu'il s'agit de manger quelque chose, de mâcher, d'avaler ce qui a été mâché.
- **Le fil de la conversation tendance « business »** doit être contrôlé malgré le serveur qui apporte les plats, les remporte, malgré tous les parasites probables.
- **L'écoute et la discrétion** qui sont pour vous le meilleur moyen de réussir ce déjeuner.

C'est la raison pour laquelle nous vous invitons à prendre le chemin de la simplicité ! Bien sûr il convient de ne pas mâcher la bouche ouverte, bien sûr vous éviterez de vous affaler sur votre assiette au moment de mettre votre fourchette dans la bouche, bien sûr vous éviterez de parler la bouche pleine (pas toujours facile dans le feu de la conversation…), bien sûr vous ne vous jetterez pas sur la nourriture, bien sûr vous serez toujours dans **la retenue** dans vos mouvements, dans vos manières et dans vos dires, bien sûr, bien sûr… mais souvenez-vous en tout de même !

Conseils sur le choix du restaurant

- Choisissez un restaurant qui convienne à votre invité plutôt qu'à vous ! En termes de commodité et de goût (moins évident). Il appréciera sans doute que ce moment passé avec vous ne lui fasse pas perdre trop de temps.
- Repérez ceux qui sont dans son quartier : il n'est pas idiot d'envisager d'aller voir sur place afin de vous faire une idée plus précise.
- N'hésitez pas à lui passer un coup de fil pour lui soumettre un ou deux restaurants en lui demandant de choisir celui qu'il préfère.
- Ce n'est pas la peine de choisir le plus cher ! Ce qui importe c'est la qualité du moment que vous allez passer avec lui. Croyez-moi, il se fichera d'ingurgiter des ortolans ! Mais prenez soin tout de même de sélectionner deux ou trois restaurants de bon niveau. D'ailleurs lui-même saura mieux que vous quel est celui qui est de bonne qualité sur son territoire.

Conseils sur l'accueil

- Soyez en avance au restaurant : un quart d'heure minimum.
- Accueillez-le en vous levant si vous êtes déjà assis, allez vers lui dès que vous l'avez repéré.
- Prenez le soin de le débarrasser de son pardessus (que vous donnerez au serveur) et indiquez-lui l'endroit où se trouve la table où vous l'attendiez.
- Indiquez-lui la place que vous lui avez réservée à cette table.
- Vous aurez pris soin de ne pas le mettre face au jour (avec vous à contre-jour…). L'inverse est également à prohiber, vous seriez mal à l'aise… Vous penserez également à lui laisser la vue sur la salle et à vous mettre face au mur.

Conseils sur le choix des plats

- Donnez-lui une carte (si ce n'est pas fait par le serveur) et dites-lui : « Peut-être pouvons-nous prendre le temps de choisir ? » de façon à lui indiquer qu'il peut se concentrer sur la lecture du menu !
- Rappelez-lui qu'il est votre invité : « Je suis très heureux de ce déjeuner et vous êtes mon invité ! »
- Laissez-le choisir ce qui lui plaît en lui disant, après quelques instants de lecture de la carte : « Qu'est-ce qui vous ferait plaisir… ? »
- Choisissez pour ce qui vous concerne ce qui est facile à manger. Évitez les grandes salades (surtout la frisée…) qui sont des plats à projections probables et donc à risques ! Ne prenez du poisson que s'il s'agit d'un filet (la découpe d'un poisson, qui n'est pas un exercice facile, vous ferait perdre votre attention…). Et évitez de trop manger même si votre plat est très bon !

Conseils pendant le repas

Vous resterez dans **l'attention** la plus vive face à tout ce qui peut arriver ! Vous chercherez toujours le contentement de celui que vous invitez. Si celui-ci parle et ne mange pas, vous attendrez qu'il se mette à manger pour entamer votre plat et… parler vous-même quand bien même il est fortement recommandé de ne pas parler la bouche pleine !

Ce qui veut dire concrètement que votre temps consacré à manger risque d'être très réduit ! C'est hélas le lot de celui qui invite : il est tout investi dans l'attention à son invité. C'est pourquoi il vous faut choisir des plats simples à ingurgiter qui ne nécessitent pas de mastiquer pendant des heures !

Vous pourriez nous dire, après ce que vous venez de lire, qu'inviter un client ce n'est pas drôle. Non en effet, ce n'est pas le moment le plus réjouissant parce qu'il faut être en permanence sur le qui-vive !

Et votre mobile (portable) ? Le temps du repas, oubliez-le en l'éteignant !

Conseils sur les discussions pendant le repas

- Privilégiez les sujets professionnels en portant votre effort sur ce qu'il va dire de son métier, de ses préoccupations, de ses attentes : vous êtes dans votre rôle !
- Sur les sujets professionnels, soyez discret : faites attention aux noms évoqués, vous n'êtes pas seuls dans ce restaurant !
- Évitez bien sûr les discussions politiques.
- Si la discussion déborde sur des sujets non professionnels, sachez rester dans des généralités sur lesquelles tout le monde, normalement, s'accorde.
- Si vous sentez que votre invité est un « fan » de tel ou tel domaine, sachez vous y intéresser même si ce « hobby » n'est pas votre tasse de thé ! S'il vous parle de football et que vous vous endormez dès qu'un match commence, peut-être pouvez-vous tenter de parler de sport en général ? Mais s'il insiste, vous pouvez choisir de tenter de mieux comprendre ce domaine en vous raccordant à des sujets qui sont peut-être davantage de votre ressort : l'organisation d'un club de foot, son économie, son évolution à travers les âges… Même sur le sujet du foot, on peut échapper à la « baballe » !

Conseils quant à l'addition ou comment régler la douloureuse

Bien sûr, c'est à vous de régler la douloureuse ! Mais il peut arriver parfois qu'un client insiste en vous disant que vous êtes sur son territoire ! Dans ce cas, vous marquerez une insistance pour, quand même, régler l'addition. Mais si celui-ci insiste vraiment jusqu'à en faire une affaire de principe, sachez battre en retraite ! Après tout si cela lui fait plaisir...

Mais dans la plupart des cas, il est entendu qu'avec un client, c'est vous qui payez ! Vous le ferez donc avec la plus grande discrétion : un rapide signe au serveur que le moment est venu. Dès qu'il vous remet l'addition, vous y jetez un coup d'œil rapide mais sérieux (ne lui donnez pas l'impression que vous payez les yeux fermés) et vous mettez votre carte de crédit dessus de telle sorte à ne pas montrer le montant de l'addition.

Déjeuner avec son patron

Tout ce qui a été dit sur le déjeuner avec un client peut servir à vous inspirer pour un déjeuner avec votre patron. Ça peut être à la fois une épreuve comme un moment formidable et parfois même une aubaine. Ceci dépend de l'intimité que vous avez avec lui. Si celle-ci est grande, un déjeuner ne pose pas de problème en particulier. Si celle-ci n'est pas grande et que ce déjeuner constitue un événement, c'est alors comme avec un client, un moment qu'il faut préparer.

Ce déjeuner peut être une occasion pour vous de le solliciter sur un sujet que vous voulez voir avancer ou dont vous voulez vous emparer ou encore à propos d'une demande que vous souhaitez lui adresser.

Un déjeuner à votre initiative

Si vous le pouvez, essayez de le surprendre en lui proposant un déjeuner, histoire de parler d'un sujet qui vous tient à cœur, d'une idée dont vous voulez lui faire part… Si son temps est compté, il peut être tenté de vous proposer d'aborder ce sujet dans un rendez-vous classique sans déjeuner. Si vous jugez qu'un déjeuner sera difficile à organiser, alors c'est pour vous l'occasion de programmer un rendez-vous avec votre patron qui sera consacré à ce sujet uniquement.

S'il accepte le principe du déjeuner, arrangez-vous pour le programmer en fonction de son agenda (vous verrez cela avec son assistante) : à un moment de répit et non un lundi matin.

Dans ce cas, appliquez à la lettre ce que vous auriez fait pour un client : un restaurant facile d'accès, sympa et dont vous supposez qu'il conviendra à votre patron. Allez vous-même réserver la table en fonction de sa situation, de son isolement, etc.

Sur le sujet que vous souhaitez aborder : préparez-le à fond ! Faites-en une synthèse que vous pourrez « livrer » à votre patron au moment propice. N'attendez pas le dessert pour vous exécuter. Au contraire, dès le premier plat servi, sachez prendre la main en disant ceci : « Si vous le permettez, je voulais revenir à la raison pour laquelle j'ai organisé ce déjeuner… » Et là, vous sortez votre synthèse de façon dynamique ! Cette synthèse doit se terminer par une invitation faite à votre patron à réagir : « Voilà, je vous ai dit en quelques mots cette idée, comment la recevez-vous ? » Et là, vous écoutez ce qu'il va dire !

Un déjeuner à son initiative

Vous êtes invité à déjeuner par votre patron. Dans ce cas, vous n'avez rien à préparer sur le plan logistique sauf s'il vous le demande.

Sans doute a-t-il quelque chose à vous dire. On peut penser même qu'il s'agit de quelque chose de positif. Là, nous vous recommandons d'être patient, d'attendre qu'il s'exprime sur ses intentions. Vous pouvez toujours faire des plans sur la comète, mais il est plus sage de formaliser sur un papier quels ont été vos succès derniers, vos échecs éventuels… bref, quelle a été votre activité ces derniers temps et comment vous vous en êtes sorti. C'est la meilleure manière de faire face à une éventuelle proposition nouvelle, à quelque événement nouveau. Avec un tel travail de préparation, vous serez par exemple plus fort pour trouver la meilleure argumentation pour répondre à votre patron.

7 La vie sociale dans l'entreprise

Comment parler de sa vie privée ?

Avant de se poser la question de savoir si vous pouvez, devez ou voulez parler de votre vie privée dans l'entreprise, **commencez par écouter les autres.** Au-delà du fait de vous intéresser à eux et de les prendre en compte, vous apprendrez à mieux les connaître : ceux de qui vous êtes proche, ceux qui parlent beaucoup, ceux à qui vous pourriez faire confiance, etc. Vous pourrez de la sorte affiner votre perception de votre entourage ainsi que de la culture de l'entreprise dans laquelle vous êtes.

Ensuite, il nous paraît irréaliste de pouvoir totalement différencier « vie professionnelle » et « vie privée », à moins de s'appeler Mr. Hyde ou Dr. Jeckyll. L'une colore et complète l'autre et inversement. Un problème professionnel et la vie au quotidien s'en ressent ; un heureux événement personnel et il y a fort à parier que votre entourage professionnel le sentira.

Donner pour mieux se protéger : vous devez accepter que pour vous protéger de la curiosité (saine ou malsaine) des autres, il vous faut savoir leur donner quelques éléments de votre vie privée. Si vous entretenez un mystère complet sur votre vie privée et vos activités extraprofessionnelles, vous susciterez inévitablement la curiosité des autres. Ils chercheront à connaître ce que vous semblez masquer et essaieront de comprendre pourquoi vous le masquez, quitte à faire des hypothèses fausses ou de mauvaises interprétations, si vous ne leur dites rien.

Nous vous suggérons ainsi d'envisager qu'il n'y a pas que deux « mondes », le professionnel et le personnel, mais trois. Oui, les registres sur lesquels vous communiquez dans l'entreprise sont au nombre de **trois** !

Les 3 sphères

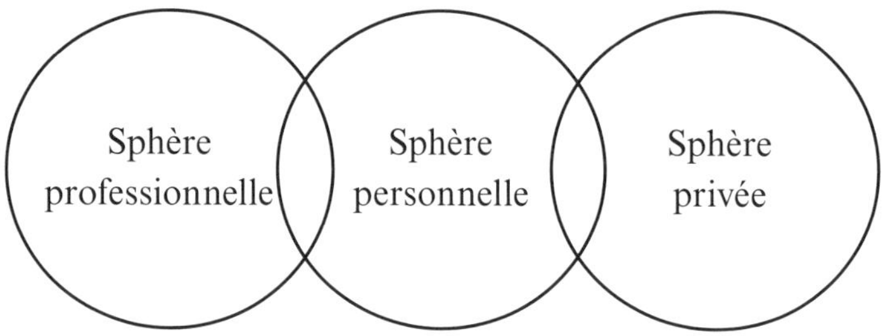

La sphère professionnelle est facilement identifiable. On y trouve en particulier :

- les discussions liées aux projets et à l'opérationnel,
- les décisions et leurs argumentaires techniques, stratégiques et politiques,
- les informations internes et de marché à communiquer,
- les objectifs à fixer,
- les missions à confier,
- etc.

Cette sphère est importante, voire prépondérante dans les échanges quotidiens entre les salariés d'une même entreprise ou entre des partenaires ; mais, heureusement, elle cohabite bien avec une sphère plus intime.

La **sphère privée** que l'on aura tendance à garder pour soi comme un jardin secret, ou à ne partager qu'avec quelques personnes triées sur le volet pour le degré de confiance que l'on peut leur attribuer. En effet, quoi de plus naturel que de choisir de ne pas tout partager avec son environnement professionnel ? Par exemple :

- des événements familiaux,
- des soucis de santé,
- des projets de vacances avec des amis,
- des histoires sentimentales,
- des réseaux dont vous êtes membre,
- etc.

Mais cette approche peut paraître un peu binaire car consistant à devoir en permanence arbitrer entre deux univers si différents et pourtant tellement interdépendants ! À moins d'envisager une troisième sphère…

La **sphère personnelle**, portée par l'être humain que vous êtes et qui observe, analyse, ressent, émet des opinions… au quotidien et en fonction de son référentiel. Il ne s'agit pas d'évoquer des faits professionnels mais plutôt **d'exprimer votre appréciation de ces faits ainsi que la manière dont vous les vivez.** Il ne s'agit pas de raconter votre intimité, mais plutôt d'exprimer vos choix, vos ressentis et la manière dont vous vivez certaines situations de la vie extraprofessionnelle :

- « Je préfère prendre ma voiture que de venir en transport en commun : je me sens plus au calme dans ma voiture. »
- « J'ai envie de partir en vacances au soleil et de ne rien faire ! »
- « Pour moi le week-end c'est le week-end : je consacre mon temps à ma famille. »
- « J'ai vu un film génial hier… »

Ces trois sphères ne sont pas totalement distinctes, elles se chevauchent même, laissant à chacun la possibilité d'exprimer son ressenti soit sur le registre du privé, soit sur celui du personnel, et ainsi de s'ajuster en fonction de son interlocuteur.

SAVOIR-VIVRE = EFFICACITÉ PROFESSIONNELLE

Parler de soi, c'est se mettre en avant !

Oui c'est vrai, et si vous le faites à bon escient et de façon juste et authentique, vous favorisez un véritable échange au cours duquel chacun pourra parler de soi.
Aussi :

- ne faites pas systématiquement et uniquement référence à vos propres expériences,
- soyez concis et non exhaustif pour susciter la curiosité et le questionnement des autres,
- interpellez aussi vos interlocuteurs : « Et vous, que faites-vous ? », « Avez-vous aussi vécu de telles situations ? ».

Parler de soi, c'est aussi amener l'autre à se dévoiler !

Pourquoi parler de soi ?

Pour se faire connaître

Cela va sans dire… et encore mieux en le disant ! C'est en racontant votre histoire professionnelle, en parlant de vos passions, en racontant vos succès et vos échecs, en décrivant ce qui vous heurte… que vous contribuerez à clarifier la connaissance que les autres peuvent avoir de vous. Ainsi vous pourrez couper court à de fausses idées, vous pourrez valoriser des expériences antérieures, faire découvrir des atouts et des talents.

Pour construire des relations

Parler de soi, c'est aussi créer du lien et des liens avec son environnement. En parlant de vous, vous contribuez à créer une relation plus authentique avec votre entourage : vous livrez ainsi des informations qui permettront aux autres de revenir vers vous sous prétexte de votre séjour en Argentine, ou de votre première expérience professionnelle d'auditeur comptable. Les centres d'intérêt communs, les spécificités de chacun, les enseignements tirés d'une expérience sont autant de biais pour aller chercher des conseils, des informations, ou de simples échanges agréables, et, finalement, pour construire des liens indispensables au bon fonctionnement d'une organisation.

Attention : toute vérité n'est pas bonne à dire, mais tout ce que vous dites doit être vrai !

Mais attention aux dangers qui vous guettent !

Respectez le bon rythme pour passer d'une relation professionnelle à une relation sociale, puis éventuellement, à une relation personnelle. Trop de proximité tout de suite, ou bien une proximité avec trop de personnes à la fois pourrait nuire à votre image, voire se retourner contre vous. En gardant une part de mystère vous donnez envie de vous découvrir. En sélectionnant les personnes à qui vous allez parler de vous, vous construisez votre réseau et ainsi votre image… sélective, éclectique, sociale, etc.

Enfin, tenez compte des codes de l'entité dans laquelle vous êtes. Sans tomber dans le cliché, il y a sans doute plus de réserve dans un service comptable que dans une équipe commerciale, le terrain affectif sera plus facilement abordé dans une agence de communication que dans un atelier de mécanique lourde !

Réseaux sociaux sur le Web (Facebook, Viadeo, LinkedIn) : quelle présence ?

Vous avez dit « réseau » ?

Formels ou informels, réels ou « électroniques », publics ou privés, corporatistes ou ouverts, professionnels ou sociaux, les réseaux sont partout ! Et que vous soyez pour ou contre le principe, à l'aise ou non avec la démarche, nous vous recommandons de développer et d'entretenir, dès le début de votre carrière professionnelle, votre propre réseau. Cela n'est d'ailleurs ni véritablement insurmontable ni réservé à une catégorie sociale privilégiée ; cela commence avec les amis, se poursuit avec les relations professionnelles, et passe aussi par les clubs sportifs, les activités associatives, les voisins, etc.

Vous avez par ailleurs deux moyens de développer votre propre réseau :

- *la manière passive :* elle consiste à se « montrer » de façon suffisamment attractive et pertinente pour faire venir à soi les « bons » contacts. Si la démarche ne demande pas un investissement trop lourd, elle ouvre grand la porte à tous types de contacts des plus riches aux plus inadaptés : la méthode est comparable à l'annonce passée par un consultant en recrutement, la vitrine du commerçant, l'appel à

candidatures, le casting de la « nouvelle star »...
- *la manière proactive :* dans ce cas vous « sélectionnez » les personnes en fonction de vos propres critères et vous allez au-devant de ces personnes, de façon astucieuse et aimable, pour créer ou développer un lien. En un mot vous privilégiez la qualité des contacts au nombre proprement dit de ces contacts ; à charge pour vous d'entretenir ensuite ce réseau comme le ferait un professionnel vis-à-vis de ses apporteurs d'affaires.

Pour tisser un réseau dans votre entreprise, privilégiez le contact direct, éventuellement le téléphone voire exceptionnellement le mail ; ce livre vous équipe des bonnes façons de vous « montrer » dans votre entreprise et d'aller au devant des autres pour développer votre réseau. C'est lorsque vous aurez besoin de sortir de votre entreprise que le réseau électronique sur Internet deviendra un outil très précieux.

Le réseau électronique vous sera aussi très utile pour « consolider » le réseau que vous aurez préalablement développé puis pour en entretenir la longévité : création d'un véritable carnet d'adresses, suivi de l'évolution professionnelle de vos contacts, utilisation des moyens de communication mis à disposition, etc.

Faut-il être présent sur le Web ?

1. Il n'y a certainement pas d'obligation à être présent sur le Web.
2. C'est votre choix qui doit concilier identité personnelle et avantages professionnels.
3. Si vous décidez d'être présent sur le Web, soignez votre communication personnelle.
4. Réseaux, blog, page personnelle... soyez respectueux de vos visiteurs.

Sur le Web, votre message importe bien plus que votre présence !

Du bon usage des réseaux sociaux professionnels

Ce que sont les réseaux tels que Viadeo, LinkedIn, Plaxo, etc. : des outils à savoir bien utiliser et rien d'autre !

- Vous voulez vous rendre visible auprès des chasseurs de tête : mettez en ligne un CV attractif et sincère sur le site français de Viadeo qui propose des outils particuliers pour les recruteurs ou sur le site LinkedIn qui vous donne plus facilement une visibilité internationale.
- Vous voulez susciter l'intérêt de clients potentiels : rédigez une présentation originale et alléchante qui donnera envie au prospect que vous n'aurez peut-être pas ciblé de vouloir en savoir plus et de vous contacter.
- Vous voulez retrouver des anciens collègues : tapez le nom de l'entreprise dans laquelle vous les avez connus et envoyez leur un email par le biais de la messagerie.
- Vous recherchez des informations sur une entreprise, un métier, un secteur d'activité : sélectionnez par des mots clés adaptés quelques membres du réseau que vous contacterez ensuite pour les solliciter.

Et ce qu'ils ne sont surtout pas :

- Des réseaux tels que Facebook, qui demeure (pour le moment) plus « social » que professionnel ; autrement dit, mettez quelques photos de vous et de vos amis sur Facebook, mais n'étalez pas votre vie. Concentrez-vous plutôt sur votre façon de vous présenter professionnellement sur le(s) réseau(x) professionnel(s) de votre choix et choisissez une photo-portrait sympathique qui agrémentera votre profil !
- Le moyen incontournable et unique de trouver un job, un client, un fournisseur... ce sont des outils qui ne feront que faciliter votre démarche de recherche de job, de prospection commerciale, de sélection de four-

nisseur. Ils ne remplaceront pas votre plan d'action, vos appels téléphoniques, vos rendez-vous... et votre entregent.

- Une course au nombre de contacts le plus important... au risque d'éloigner les membres du réseau qui ne voudraient pas tomber dans votre filet : le contraire de l'objectif du réseau !
- Un outil de diffusion à tous vos contacts, de votre journal intime ou de vos essais littéraires ; faites le choix de la qualité de votre présence et non de la quantité de vos apparitions.
- Une tribune pour se créer un parcours professionnel ou un profil imaginaire... là c'est une question d'éthique !

Quelques réflexes élégants et efficaces à adopter

Comme dans la « vraie vie » vous avez tout à fait intérêt à adopter de bons réflexes pour soigner votre image. À une bonne orthographe, un vocabulaire choisi, un contenu respectueux devra aussi s'ajouter une bonne et juste « réseau attitude » ; en effet si vous faites le choix d'être présent sur un réseau, alors jouez le jeu du réseau !

- Renseignez un minimum d'informations sur votre profil pour éviter les malentendus ou les quiproquos ; rappelez-vous que votre profil sera accessible à tout le monde !
- Personne ne vous reprochera de contribuer à la vie du réseau : mettez en ligne des articles, réagissez aux publications, mais n'encombrez pas les actualités, les news ou les pages du site.
- Lorsque vous êtes dans un réseau, soyez cohérent avec l'esprit réseau : répondez aux messages et demandes de mise en relation qui vous sont envoyés. Cela ne veut pas

dire accepter toutes ces demandes, mais cela veut dire de se manifester une réponse telles que :

- « Nous ne nous connaissons pas, quel est l'objet de votre demande de mise en relation ? »
- « Pouvez-vous me précisez les raisons qui vous amènent à vouloir me faire entrer dans votre réseau ? »

- De même lorsque vous souhaitez contacter une personne du réseau, soyez précis au sujet de l'objet de votre demande et ne demandez pas systématiquement une mise en relation. Une simple question peut suffire :
  - « Je cherche à obtenir des informations sur l'entreprise X que vous devez bien connaître. Pourriez-vous m'accorder quelques minutes ? Si vous en êtes d'accord, je vous propose de me transmettre le numéro de téléphone auquel je pourrai vous joindre. »
  - « Le profil que vous avez mis en ligne me laisse penser que vous pourriez me donner de bons conseils sur... Pourriez-vous m'accorder quelques minutes ? Si vous en êtes d'accord je vous propose de me transmettre le numéro de téléphone auquel je pourrai vous joindre. »

Déjeuner avec des collègues ou seul ? À l'extérieur ou à la cantine ?

Voici les situations les plus courantes dans l'entreprise.

- Le rituel du déjeuner au restaurant d'entreprise, toujours à la même heure pour éviter l'attente au grill, pour ne pas croiser l'équipe marketing et ses récriminations incessantes, ou pour avoir encore le choix parmi les desserts...

- Le déjeuner au restaurant, toujours le même par habitude ou bien après avoir interrogé ses compères d'un « on va où ? ».
- Le sandwich avalé en 5 minutes, ou les sushis livrés en 10 minutes...

Votre façon de déjeuner en dit long sur votre style, vos priorités, et, bien sûr, sur votre humeur du jour !

Tout d'abord ne vous laissez pas enfermer dans des habitudes : toujours avec les mêmes, toujours au même endroit, toujours à la même heure, toujours un verre de vin, toujours... Comme pour toutes les habitudes, en changer vous demanderait un effort très important ; vous pourriez même ne jamais oser en changer, au risque d'être « catalogué », de perdre des occasions de contact, ou, tout simplement, de vous désabuser.

Au contraire, variez les situations et cultivez les changements : vous éviterez ainsi de déstabiliser brutalement votre entourage, de devoir vous justifier le jour où vous en aurez assez de déjeuner toujours avec les mêmes, ou de vous cacher pour aller déjeuner avec le directeur qui cherche à vous faire rejoindre son équipe.

Alors, nous vous suggérons les bonnes attitudes suivantes :

- Profitez des déjeuners pour voir des collègues que vous ne voyez pas souvent en programmant à l'avance des rendez-vous.
- Anticipez l'heure du déjeuner en proposant à un collègue : « As-tu quelque chose de prévu aujourd'hui ? Nous pourrions déjeuner ensemble ! »
- Osez arriver un peu plus tard avec votre plateau en demandant au groupe de personnes que vous n'avez pas

l'habitude de côtoyer : « Je peux déjeuner avec vous ? »
- Proposez au directeur du département que vous aimeriez rejoindre d'aller déjeuner avec lui, pour lui demander des conseils, le faire parler de son organisation ou de sa stratégie.

Le déjeuner, et l'utilisation de l'heure du déjeuner, fait entièrement partie de la vie de l'entreprise, en particulier dans les grandes villes où l'aller-retour pour rentrer chez soi est impossible. Sachez donc l'utiliser : accueillez un nouvel arrivant en l'emmenant déjeuner avec vous, organisez des rencontres entre des personnes qui ne se connaissent pas, cassez les clans en profitant des occasions fournies par une place libre au restaurant d'entreprise, allez prendre le pouls de votre équipe, etc.

À moins que cela ait été convenu ainsi, un déjeuner ordinaire n'est pas un déjeuner de travail, où l'on parle boulot. Vous avez tellement de sujets à évoquer qui vous permettront, à vous et à ceux qui vous entourent, de changer d'air, sans pour autant déjeuner dans un mutisme complet où l'on entend uniquement le cliquetis des couverts…

Enfin soyez plutôt positif lorsque vous abordez un thème, ou lancez un sujet de conversation :
- « Vous avez regardé l'émission, le match, le film… hier à la télévision ? J'ai bien aimé. »
- « Quel temps aujourd'hui ! On pourrait faire un tour à… »
- « Je cherche une astuce, un livre, un magasin, pour… Tu as peut-être des idées ? »
- « Et ton week-end à… comment s'est-il passé ? »

Attention aux sujets plus délicats de la politique, de la religion, de la santé : vous ne les aborderez pas avec des personnes que vous ne connaissez pas du tout ou bien avec lesquelles vous n'avez pas déjà établi des relations de confiance.

Sans aller dans le subjectif, voici quelques pistes de « savoir-vivre » et de « bien-se-tenir » à table qui ne pourront qu'être appréciées par votre entourage, et, en fin de compte, vous profiter :

- Avant de vous servir en eau, proposez-en d'abord à vos voisins.
- Évitez la serviette autour du cou comme les enfants, et si vous prenez tout de même la viande en sauce, faites attention !
- Laissez votre table propre en emportant les détritus et en nettoyant les tâches de gras avec votre serviette.

Et puis il y a aussi le sandwich ou la « gamelle » avalés rapidement à son bureau, face à son écran d'ordinateur ou en relisant le dernier cahier des charges ! Sans émettre d'avis sur les qualités diététiques de ce type de repas, ni sur la conformité au règlement intérieur de l'entreprise, nous nous contenterons de donner quelques recommandations :

- Veillez à ne pas diffuser dans les bureaux des odeurs de plat réchauffé, d'orange épluchée ou d'œuf dur !
- N'imposez pas systématiquement cette scène à votre voisin d'en face : demandez-lui si cela le gêne, isolez-vous dans un autre bureau, ou bien partagez avec lui !
- Allez jeter les déchets dans une poubelle dédiée, plutôt que de laisser macérer la mayonnaise et les épluchures dans celle de votre bureau !

SAVOIR-VIVRE = EFFICACITÉ PROFESSIONNELLE

NETWORKING* !

Networking, tel est souvent le maître mot de la gestion de carrière. Le déjeuner, organisé par avance ou occasion saisie par hasard, est un excellent moyen de vous faire connaître, de vous renseigner, de

→

« réseauter », au quotidien, à l'occasion d'un déplacement sur un site. Mais aussi en dehors de votre entreprise.
Alors n'hésitez pas, c'est un moment à part que vous pouvez aussi exploiter pour votre carrière professionnelle.
Fixez-vous un objectif : un déjeuner par mois avec une personne en dehors de votre environnement professionnel proche !

* Réseau

Et le déjeuner « à l'extérieur » ?

Le déjeuner « à l'extérieur » a la grande vertu de vous faire sortir de votre cadre quotidien. EFFORCEZ-VOUS d'aller déjeuner avec des personnes extérieures à votre entreprise :

- Un homologue chez un concurrent : vous pourrez échanger des points de vue.
- Un partenaire : vous prendrez du recul par rapport à votre quotidien.
- Un professionnel rencontré lors d'une conférence : vous renforcerez votre réseau.
- Un ami retrouvé : vous en profiterez pour prendre une bonne bouffée d'oxygène.

Un tel déjeuner se prépare : vous aurez pris soin de vous renseigner au préalable sur l'actualité de votre interlocuteur si vous ne le connaissez pas bien. Rappelez-vous aussi votre dernière rencontre avec cette personne : cela vous donnera peut-être l'idée de vous munir d'un document ou d'une information spécifique, témoignant ainsi de votre écoute lors de votre précédente rencontre.

Un tel déjeuner se conclut aussi : de retour au bureau, avant de les oublier, mettez immédiatement en œuvre les actions sur lesquelles vous vous êtes engagé et que vous aurez pris soin de noter quelque part pour ne pas les oublier (information à transmettre par e-mail, date de rappel à placer dans un agenda…). Combien de fois avez-vous proposé, ou vous êtes vu proposer des « Je te l'envoie » ou des « Je t'appelle » qui sont restés lettre morte ?

Si vous avez le sentiment d'avoir été le grand bénéficiaire de ce déjeuner, envoyez un e-mail de remerciement de quelques lignes, simple mais sincère :

> Merci pour ce déjeuner et ce moment de détente que j'ai particulièrement apprécié.
> Un grand merci pour votre accueil et tous les bons conseils que vous m'avez donnés.
> Je vous remercie pour ce délicieux déjeuner ; j'ai par ailleurs été ravi de faire la connaissance de Monsieur Untel.

« Vous serez celui de janvier… »

En passant cet ultime appel téléphonique de la journée, Gilles, consultant en recrutement, ne s'attendait pas du tout à cela !

L'année venait de commencer, les compteurs de chiffre d'affaires avaient été remis à zéro. Gilles venait de passer une après-midi à contacter, ou recontacter, des clients et des prospects, dans le but d'organiser des rendez-vous pour dénicher quelques bonnes affaires.

Il est 19 heures passées et, comme chacun sait, à cette heure tardive il est souvent plus facile d'atteindre directement la personne ciblée, en contournant l'obstacle du standard ou de la secrétaire.

« Allô, Patrick M. ? Bonsoir Monsieur, je suis Gilles B. du cabinet de conseil en recrutement XXX. Je suis très heureux de vous avoir directement en ligne…

→

– Mais nous ne nous connaissons pas ?

– Non, et justement je cherchais à vous joindre pour organiser un rendez-vous afin de venir vous présenter... »

S'en suit un bref échange, l'un particulièrement mobilisé par l'objectif de raccrocher son téléphone avec une date de rendez-vous, et l'autre, curieux et cherchant à s'assurer du sérieux de ce consultant encore inconnu. Au bout de quelques minutes, la phrase suivante tombe dans l'oreille du consultant :

« Eh bien d'accord, vous serez celui de janvier !

– Pardon ?

– Je vous disais, que vous serez celui de janvier. Oui, je m'efforce, chaque mois de rencontrer une personne d'un autre secteur ou métier que le mien. Cela fait du bien de se ménager des temps d'ouverture comme cela pour s'enrichir mutuellement du point de vue et de l'expérience de l'autre...

– Et donc, en janvier, ce sera avec moi ?

– Si vous en êtes d'accord bien sûr, à moins que vous...

– Mais non, bien volontiers... »

L'histoire ne dit pas lequel, du consultant ou de son prospect, tira le plus grand bénéfice de ce rendez-vous qui eut bien lieu courant janvier. Mais reconnaissons l'originalité de la démarche.

Prendre un verre avec un ou des collègues

L'interdiction de fumer aidant, ne voit-on pas de plus en plus souvent bon nombre de personnes se rassembler, en fin de journée après le travail, autour d'un café, un verre à la main ; même si ce constat est « citadin » voire parisien, il révèle une évolution des habitudes qui viennent emprunter aux Britanniques leur pinte de bière au pub en fin de journée.

Mais avant de devenir un rituel, « aller prendre un verre avec un collègue » peut être une façon d'établir des contacts privilégiés avec une personne que vous ne connaissez pas bien, qui vient d'arriver dans votre service ou bien encore que vous souhaitez tout simplement mieux connaître.

L'impact du lieu sur la nature de l'échange que vous aurez avec ce collègue est important : il s'agit d'un lieu neutre, hors de l'entreprise, et faisant plutôt référence à la détente et au plaisir. De plus, quitter le cadre formel de l'entreprise ouvre la possibilité d'aborder différemment des sujets délicats, des sujets plus personnels, de faire passer des messages, de formuler des demandes, etc.

Proposez un lieu, ou mieux une alternative : à côté du bureau ou un peu à l'écart, connu de vous ou à découvrir. Préférez un lieu sympathique, confortable et pas trop bruyant… surtout si vous avez besoin de parler.

Mais attention… À utiliser avec modération et sans régularité…

Au-delà de l'impact sur la santé ou sur le retour en voiture, c'est votre image qui peut être altérée ; et chacun sait combien il est difficile de se défaire d'une réputation que l'on aura acquise si facilement. Sachez donc saisir des opportunités, à deux collègues ou en groupe, pour aller prendre un verre. Sachez aussi conclure avant le verre de trop qui vous ferait dire le mot de trop.

L'amitié ou les relations amoureuses sur le lieu de travail

Une vraie amitié, une relation amoureuse sont-elles possibles dans l'entreprise ? Poser la question ainsi c'est mettre un préambule négatif à la réponse qu'on peut faire : l'entreprise serait a priori un lieu inapproprié, voire dangereux pour entretenir ce genre de relations ; et il vaudrait mieux attendre d'être à l'extérieur pour aller à la recherche d'un ami comme de sa moitié d'orange.

Mais est-il vraiment raisonnable de supprimer l'entreprise comme vivier possible pour se faire des amis comme pour « aller plus loin » avec une autre personne... ? Peut-on véritablement faire abstraction de ses sentiments le temps du travail ? Si ma sympathie me porte vers telle ou telle personne, pourquoi faudrait-il que je la restreigne et si ma passion m'emporte vers quelqu'un d'autre, pourquoi faudrait-il que je m'en garde... sous le seul prétexte que nous travaillons ensemble, dans la même entreprise ?

Mais enfin quels sont ces risques de nouer des relations amicales ou amoureuses dans l'entreprise ? Et n'y a-t-il pas là un fantasme qu'il convient de combattre pour s'affranchir de ce vieux principe qui consiste à ne pas mêler l'un ou l'autre avec le monde du travail ?

Les risques : se lier d'amitié et d'amour veut dire pour la plupart des gens mettre une dose d'affectif plus importante que de coutume dans la relation professionnelle. C'est livrer une part de son intimité, de son jardin secret et aussi accorder sa confiance. Car en effet comment pourrait-on se lier sans donner un peu de soi et sans faire un minimum confiance ? Ce qui veut dire forcément attendre en retour une contrepartie équivalente.

Contrepartie qui va équilibrer la relation en faisant disparaître l'intérêt personnel de chacun au profit de l'intérêt de l'autre et sans arrière-pensée. Là réside le risque : que l'un ou l'autre perde le sens de l'équilibre dans cet échange qui ne repose sur aucun autre substrat que le goût de l'autre.

Or l'entreprise et ses parcours professionnels sont parsemés d'embûches de toutes sortes qui vont parasiter cette relation sentimentale : les intérêts personnels (pécuniaires mais pas seulement…) que chacun va défendre bec et ongles, le management machiavélique qui divise pour mieux régner, les évolutions que chacun va connaître (on grandit dans l'entreprise et souvent on se défait de ses engagements de jeunesse…), etc.

D'où l'envie, la jalousie et autres tentations mimétiques qui prennent le dessus. C'est la raison pour laquelle l'entreprise présente sur ces sujets sensibles des dangers et rend la prudence plus que nécessaire. C'est donc en raison même du caractère sensible de l'environnement de l'entreprise qu'il convient d'être sur ses gardes et de savoir **jouer avec l'art du savoir-vivre !**

Et tout d'abord se rappeler ce que nous vous disions sur les trois sphères : professionnelle, personnelle et privée (voir p. 144). Dans un premier temps, vous pouvez ouvrir la voie de la sphère personnelle à qui vous paraît sympathique mais en vous gardant bien d'ouvrir aussi celle du privé. Avec la sphère personnelle, vous prendrez ainsi le temps de tester la personne avec des éléments qui n'incluent aucune conséquence fâcheuse. Par exemple, vous pouvez parfaitement dire et commenter votre intérêt pour tel ou tel film d'Almodovar ou d'Autant-Lara ou encore de tel ou tel livre de Marx ou de Maurras sans « livrer » votre intimité et rester ainsi dans une certaine distance !

Et lorsque vous sentirez que la personne dont vous souhaitez l'amitié ou l'amour, joue le même jeu de confidences livrées progressivement l'un à l'autre, vous pouvez penser que l'équilibre de la relation se fait naturellement, que la confiance s'installe et que le risque recule.

Toutefois faut-il livrer toute son intimité pour construire une amitié ou une relation amoureuse ? Si vous lisez *Le lys dans la vallée* de Balzac, vous apprendrez tout le risque que l'on prend à trop se livrer au début d'une relation amoureuse et, au contraire, tout l'intérêt de rester en retrait ! **Livrer trop de soi et de son histoire personnelle, c'est entacher l'échange dès le démarrage.** Dans l'entreprise, c'est la même chose : sachez garder de la retenue, de la discrétion sur vous-même. Rien sinon vous-même ne vous oblige à vous répandre ! D'ailleurs, vous le savez bien, quel est le personnage le plus séduisant entre celui ou celle qui se rend si transparent que, très vite, l'on voit à travers… et celui qui garde des contours incertains, ambigus, voire mystérieux ? Sans aucun doute le second qui laisse à l'autre le plaisir de creuser encore… !

Relation amicale, relation amoureuse ? La première est la plus simple et la plus courante. Elle suppose tout de même d'être vigilant, de ne pas croire que sous le prétexte de sentiments de vive sympathie, on peut tout se permettre. Elle oblige au contraire à être en état de veille permanent et à rester dans l'équilibre : ne pas demander à l'autre ce qu'il ne peut donner (un passe-droit par exemple), rester toujours dans les formes requises par le savoir-vivre (frapper avant d'entrer dans le bureau d'un ami), considérer que la relation ne dure que si l'équilibre dans l'échange persiste dans tous ses aspects, etc.

La seconde est évidemment plus difficile car elle suppose de la part de celui ou celle qui « succombe » une perte de retenue telle que le risque soudain s'accroît. Que ce soit avec un collègue, un supérieur ou un collaborateur, ou même encore un client de l'entreprise, de telles relations sont possibles mais pas nécessaires du tout… Vis-à-vis de celui ou celle qui est concerné(e) comme vis-à-vis des autres, en étalant une relation hors professionnelle dans l'entreprise, vous favorisez l'irruption de parasites qui vont perturber votre image professionnelle.

Et s'il s'agit d'une possible relation amoureuse qui peut commencer par des avances faites par l'autre, soyez plus que vigilant. Prenez votre temps, ne vous précipitez pas ! Dans l'entreprise il faut rester très prudent : c'est là d'ailleurs le meilleur moyen de tester ce nouvel émoi sur la durée. Croyez-moi, c'est ce qui peut vous arriver de mieux ! Dans une telle relation, vous marchez sur des œufs. Faites évoluer les choses en vous forçant à introduire un peu plus de raison que de coutume si, dans ce moment quelque peu fou, cela vous semble possible !

Fort de toutes ces règles de prudence et de discrétion, il faut croire, certes avec un peu d'humour, que dans l'entreprise aussi, une vie sans ami et sans amour ne vaut pas d'être vécue !

SAVOIR-VIVRE = EFFICACITÉ PROFESSIONNELLE

L'AMITIÉ OU L'AMOUR DANS L'ENTREPRISE…

Des amis dans l'entreprise ? Oui mais redoublez de vigilance dans l'observation des règles de savoir-vivre !
Une relation amoureuse dans l'entreprise ? Oui si vous ne pouvez pas faire autrement mais redoublez de prudence et de discrétion !

8 Pour vous aider à grimper les échelons

Établir des contacts avec ses collègues : soyez imaginatif dans l'art de « réseauter »

Alors que le Web 2.0 vous propose chaque jour toujours plus de possibilités d'interagir avec des contenus ou encore de développer des liens avec d'autres internautes, comment pourriez-vous éviter d'établir des contacts avec ceux qui constituent votre environnement direct, bien réel et quotidien, vos collègues et vos partenaires professionnels ?

Que cela vous plaise, que vous en ayez besoin, que cela vous soit facile ou non, vous serez contraint d'établir des contacts avec ceux qui, avec vous, constituent votre entreprise. Établir des contacts, oui ! Mais pas avec tout le monde bien sûr ! Avec qui alors ?

Avec les nouveaux arrivants

Cela devrait presque être évident pour tout le monde : aller au-devant d'une personne récemment embauchée pour se présenter, l'accueillir, faire sa connaissance, lui apporter quelques informations qui faciliteront son intégration, etc. Certes l'initiative de se présenter peut venir de la personne elle-même, ou bien être organisée par son manager ou encore par le responsable des ressources humaines. Il est malheureusement fréquent que ce ne soit pas le cas : aller au-devant d'un nouvel arrivant prend alors toute son importance.

La démarche est simple :

- Vous venez simplement vous présenter et vous dites : « … mais on aura l'occasion de se voir plus longuement très rapidement ! »
- Vous venez vous présenter et vous invitez le nouvel arrivant à se joindre à vous pour un déjeuner.
- Vous venez, avec votre agenda, vous présenter rapidement et vous organisez un rendez-vous de prise de connaissance plus approfondie.
- Vous prenez le temps d'aller dans le bureau du nouvel arrivant afin de faire connaissance mutuellement.

Adoptez vis-à-vis des nouveaux arrivants, le comportement que vous aimeriez que l'on adopte vis-à-vis de vous à votre arrivée dans une nouvelle entreprise ! Accueillez-les !

Et si cette prise de contact avec « quelqu'un de neuf » vous apportait un peu de fraîcheur, un peu de renouvellement, des points de vue différents ! En bref, du sang neuf. Ainsi, en accueillant chaleureusement un nouveau collègue, vous vous faites aussi du bien et vous vous enrichissez directement de son œil neuf… à condition de le faire dès son arrivée et avant qu'il ne se soit déjà adapté à sa nouvelle entreprise.

Avec des personnes éloignées de votre domaine fonctionnel

Avez-vous prêté attention à la façon dont, souvent, les équipes marketing parlent des comptables, comment, parfois, les commerciaux considèrent les juristes, ou encore, comment, la plupart du temps, les équipes de production évoquent les stratèges du siège ?

Dans la complémentarité évidente de ces différents profils résident aussi les difficultés de communication, de collaboration et d'échanges entre eux. À cela s'ajoutent les traditions et les réflexes de « communautarisme » incitant à rester avec les siens, avec ceux qui nous ressemblent.

Faudrait-il donc que nous soyons contraints par une actualité brûlante, voire critique, pour aller au-devant de ceux qui nous apparaissent si éloignés de notre domaine fonctionnel et de notre « style » ? Nous disons NON ! De même que le changement conduit à la remise en question, que les intervenants extérieurs apportent leur œil neuf, que la diversité développe la créativité, de même, en allant volontairement à la rencontre des personnes de toutes les fonctions de l'entreprise, vous contribuez à vous enrichir mutuellement et vous favorisez les conditions d'un travail réellement collaboratif.
Alors nous vous faisons quelques suggestions :

- Déplacez-vous de temps en temps plutôt que d'envoyer un mail à ceux que vous ne croisez jamais.
- Profitez d'un déplacement sur une autre implantation que la vôtre pour aller vous présenter, féliciter pour un succès ou un événement personnel ou simplement dire « bonjour » aux collègues avec qui vous n'êtes jamais ou rarement en relation.

- Efforcez-vous, à intervalles réguliers, de saisir les opportunités pour prendre rendez-vous ou déjeuner avec l'un de ces étrangers à vos yeux.
- Ne vous laissez pas enfermer dans un clan en vous efforçant de garder le contact avec plusieurs « groupes » constitués dans l'entreprise.

Osez sortir de votre cocon : vous créez du lien, vous donnez aux autres et vous vous enrichissez !

Aussi :

Allez vous présenter aux nouveaux arrivants.

Déplacez-vous dans les autres services pour les solliciter.

Organisez des rencontres entre certains de vos collègues.

Avec des hôtesses d'accueil, les membres du service courrier...

Il est dans l'entreprise des services qui, par leur activité de support de proximité au quotidien, deviennent quasi transparents et ne se rappellent à notre souvenir que lorsqu'ils dysfonctionnent.

Mettons-nous donc quelques secondes à la place de ces personnes qui n'existent aux yeux des autres que lorsqu'elles font défaut. Ne nous est-il jamais arrivé de provoquer volontairement un dysfonctionnement ou une lenteur, d'être sciemment en retard ou absent, voire de glisser une erreur ou de se retenir de contrôler un résultat... juste pour attirer l'attention ou faire passer un message à sa hiérarchie ou à des collègues ?

Tout collaborateur d'une entreprise a besoin, en tant qu'être humain, de signaux de reconnaissance et mérite, en tant que partie prenante de l'entreprise, d'être reconnu pour sa contribution à ladite entreprise.

Vous avez des occasions naturelles de vous adresser directement à ces collègues qui rendront ensuite votre vie quotidienne plus facile :

- Vous êtes nouvellement arrivé dans l'entreprise, allez vous présenter à l'hôtesse d'accueil, au service courrier, etc.
- Vous changez de service ou de bureau, assurez-vous que le service courrier et les services généraux sont bien informés.
- Vous changez de nom de famille (pour les femmes en particulier), prévenez hôtesses, standard, service courrier, etc.

Et puis saisissez toutes les occasions, peut-être banales ou anodines, mais qui ne doivent pas être manquées, pour souhaiter une bonne fête, féliciter pour un événement personnel, complimenter sur une tenue vestimentaire, une coupe de cheveux ou un bronzage, etc. : ces attentions procurent bien plus de plaisir que vous ne pouvez l'imaginer, alors ne vous retenez pas et agrémentez-les d'un sourire ou d'une main posée sur l'épaule pour amplifier l'effet.

Avec vos homologues dans d'autres *business units* (BU), implantations, pays...

Autant il est enrichissant de développer des contacts avec des personnes issues de domaines fonctionnels de l'entreprise autres que le vôtre, autant il peut être judicieux de nouer des contacts étroits avec vos homologues plus ou moins éloignés. Et ceci dans un esprit « groupe de pairs » : c'est en effet un excellent moyen de tisser un réseau en même temps que d'échanger des bonnes pratiques, partager ou obtenir des informations opérationnelles ou vous concerter pour co-développer de nouveaux outils ou des propositions communes.

Si cela n'est pas déjà organisé par votre responsable fonctionnel ou votre supérieur hiérarchique, vous avez toute la légitimité pour le faire. La première étape peut être un simple lien systématique par mail entre les membres de cette « communauté » pour échanger des contenus : à vous d'en devenir l'animateur ! L'étape suivante est souvent l'organisation de réunions suivies d'un compte rendu pour en faire bénéficier les absents. Une autre étape encore, peut être l'obtention d'un budget pour réunir annuellement les membres de cette communauté au cours d'une journée, type symposium de votre domaine fonctionnel dans l'entreprise… et, idéalement, avec des intervenants extérieurs.

En développant ainsi cette nature de relations, à la fois vous contribuez aux synergies internes, à la capitalisation des savoirs et des expériences, au renforcement des liens entre collaborateurs, et en même temps vous vous faites connaître de façon positive, concrète et constructive.

Et puis, soyez l'artisan de contacts entre plusieurs de vos collègues ou de vos connaissances

En effet pourquoi ne jouer que la relation duale entre vous et une autre personne ?

Vous connaissez différentes personnes, vous êtes convaincu que plusieurs d'entre elles gagneraient à se rencontrer, vous ne connaissez même pas forcément bien certaines d'entre elles, mais vous savez comment les contacter… organisez des rencontres !

Cela peut se faire à l'issue d'un rendez-vous avec un collègue, un client ou un fournisseur : « Avant de vous laisser partir, suivez-moi, j'aimerais vous présenter M. ; vous avez des centres d'intérêt communs et je suis convaincu que vous vous apprécierez l'un l'autre ! »

Vous pouvez inviter une troisième personne à un déjeuner, à condition d'en informer avant votre premier hôte : « J'aimerais beaucoup vous faire rencontrer M. : voyez-vous un inconvénient à ce que je lui demande de se joindre à nous pour ce déjeuner ? »

À l'issue d'une réunion ou lors d'un séminaire, mettez en contact deux personnes en valorisant la spécificité de l'une auprès de l'autre : « Monsieur Untel je voulais absolument vous présenter monsieur Truc qui a pris la responsabilité de... ou qui a été à l'origine du projet... ou encore qui a beaucoup œuvré pour que... »

SAVOIR-VIVRE = EFFICACITÉ PROFESSIONNELLE

Ne restez pas seul dans l'entreprise et sachez faire se rencontrer les autres !

Vous avez une réelle aisance relationnelle, vous entrez facilement en contact avec les gens, vous avez de l'entregent...
Mettez aussi ce talent au service des autres en organisant des rencontres entre des collègues, des clients ou des fournisseurs, en facilitant des collaborations improbables, en réconciliant des professionnels éloignés, etc.
En agissant ainsi, non seulement vous contribuez concrètement au développement d'activités et vous restez au plus près de ces activités, mais en plus vous vous construisez une image positive, d'influence et de générosité... ce qui ne peut qu'être profitable à tout le monde !
Si vous voulez recevoir, commencez par donner !

Faites le choix du travail bien fait et aussi celui du concret

Quoi que vous fassiez, quelle que soit votre mission ou votre position dans l'entreprise, faites le choix de vous appliquer à « rendre votre copie » comme s'il s'agissait d'atteindre la perfection. Apportez-y le même soin que si votre vie en dépendait, faites aussi en sorte que ce travail soit produit en temps et en heure.

Ce travail, ce n'est pas seulement le chantier principal sur lequel vous êtes en train de travailler et qui occupe le plus clair de votre temps. Cela concerne tout ce que vous allez produire dans l'entreprise : vos messages émis, vos interventions quel qu'en soit le cadre ainsi que vos contributions ou votre participation à tel ou tel ouvrage.

Premier objectif : choisissez la beauté du travail bien fait

Quoi que vous fassiez, vous vous devez d'avoir cet objectif : votre travail doit être beau. Songez au bonheur que vous allez produire chez les autres quand ils découvriront le beau résultat auquel vous serez parvenu. Songez à l'inverse à leur déception, à leur agacement probable, voire même à leur colère si ce que vous leur procurez ne convient pas. S'il s'agit par exemple d'un écrit mal rédigé, s'il s'agit d'un travail bâclé dont les soins apportés ont été bien pauvres... Avec les conséquences qui ne manqueront pas de se produire, vous risquez gros.

Mais oui, avez-vous songé au dérèglement de la relation qui peut s'ensuivre? Vous rendez-vous compte que ce travail mal fait risque de changer votre relation avec eux sans même que vous vous en doutiez ? Hélas vous n'avez pas d'autre choix que de vous mettre cela dans la tête : **le travail bien fait entraîne la paix et le travail mal fait entraîne la guerre !** Dans l'entreprise aussi, ce qui correspond à de la belle ouvrage est facteur de succès et de bonheur professionnel pour tous !

Deuxième objectif : choisissez d'être concret et dans la réalisation !

C'est fou ce que dans l'entreprise, les gens sont conceptuels et peu versés dans le concret. Comme il est vrai aussi que les gens aiment manier des idées mais sont moins habiles à les réaliser. Apprenez donc à jouer avec cela : faites en sorte que vos travaux prennent corps, le plus vite possible ! Et pour cela faites le double choix de la concision et de la simplicité !

SAVOIR-VIVRE = EFFICACITÉ PROFESSIONNELLE

CONCISION ET SIMPLICITÉ, LES DEUX VERTUS QUI MÈNENT AU CONCRET !

Vous avez la mission de faire un compte rendu* ? Prenez le temps de mettre sur un papier les idées que vous voulez restituer. Travaillez la forme de telle sorte que votre patron puisse le lire et qu'il puisse être séduit.
Faites le choix de la **concision** : personne n'a jamais été convaincu par une note de quatre pages ! Choisissez plutôt de faire ce compte rendu sur une demi-feuille de papier. Travaillez l'art de la synthèse !
Faites le pari de la **simplicité** ! Votre propos se doit d'être clair et compréhensible par tous.

** Sur la technique du compte rendu, jetez un œil sur ce qui est dit au chapitre consacré à l'écrit (p. 80).*

Troisième objectif : prenez du recul et posez-vous la question « Qu'ai-je fait? »

Bien souvent quand on arrive à la phase finale du travail qui nous a été demandé, on est dans l'incertitude : « Est-ce bien? Est-ce parfait? Suis-je bien dans les objectifs que l'on m'a donnés? N'y a-t-il pas encore quelque chose à retravailler? Pour faire encore mieux! »

Cette capacité à vous poser ce genre de questions est tout à votre honneur! Nous dirions même qu'elle doit vous animer au quotidien. C'est elle qui va faire que vous allez avancer, aboutir dans votre travail!

Mais attention aux excès dus à la recherche incessante de la perfection : si l'on réfléchit à cette question du travail bien fait, avec un tel état d'esprit, rien n'aboutirait jamais car tout est par essence perfectible! Aussi nous vous conseillons, quand vous sentez que vous avez bien avancé dans le travail que l'on vous a confié, de prendre un peu de recul pour réfléchir en vous posant les questions suivantes :

- Où en suis-je par rapport à ce que l'on m'a demandé?
- Quels sont les éléments concrets dans mes réalisations que je peux produire comme autant de résultats tangibles?
- Par rapport à ce qui existait avant, ai-je fait avancer les choses et comment?
- Quels sont les avantages que mon entreprise, mon département, mon service en retirera?
- Y a-t-il dans ce travail des inconvénients?
- Etc.

Et puis n'oubliez pas l'adage : le mieux est l'ennemi du bien! Si ce que vous avez produit correspond à l'objectif qui vous a été fixé et si, après ce recul et cette réflexion sur votre travail déjà réalisé, vous ressentez comme de la fierté, un certain bonheur dans le constat des avancements auxquels vous êtes parvenu, etc., alors sans doute, vous êtes dans ce moment où il est opportun de « produire » votre travail, de le montrer à votre patron d'abord puis aux autres personnes concernées ensuite. C'est votre conviction qui compte ! Faites-vous confiance !

Si, à l'inverse, après réflexion, vous avez quelques réticences, vous émettez çà et là quelques critiques, vous vous dites que certains points traités méritent mieux, qu'il manque quelque chose…, alors, dans ce cas, reprenez votre labeur et polissez-le encore ! Mais donnez-vous un objectif d'amélioration précis ! Avec une échéance non moins précise pour la remise de votre travail ! Ce n'est plus le moment de vouloir tout refaire mais celui de finaliser et d'achever.

Savoir annoncer un retard dans la remise d'un travail : la gestion du temps

Au sein de l'entreprise, le temps est devenu une donnée primordiale avec laquelle il faut compter car il rythme les actions, coordonne les acteurs, structure la communication… mais est parfois devenu une fin en soi.

Le temps s'est accéléré dans le monde de l'entreprise, du moins les cycles se sont raccourcis. L'urgence est devenue la règle générale. Nous en voulons pour preuve cette boutade inouïe : « Et, bien sûr, inutile de te le préciser : ce que tu dois faire, c'était pour hier ! »

Alors si vous ne pouvez plus échapper à la tyrannie du temps, sachez jouer avec le temps et apprenez à l'utiliser. En particulier quand il s'agit d'annoncer que vous ne pourrez pas respecter une échéance, remettre à temps un travail, ou rester dans une estimation de charge de travail :

1. ***Anticipez vos retards!***
   Autrement dit, ne vous intéressez pas qu'aux contenus de ce que vous traitez, mais prêtez aussi de l'attention au processus et au temps qu'il faudra pour dérouler le processus. C'est une façon de prendre du recul par rapport à la tâche.
2. ***Osez communiquer sur les délais!***
   Plutôt que de bâcler un travail pour le remettre immédiatement ou dans les délais souhaités, ayez le courage d'annoncer la date réaliste de remise de ce travail. C'est une façon de faire patienter, de respecter les autres, en étant sincère avec eux. À charge ensuite pour vous de respecter scrupuleusement ce nouveau délai annoncé !
3. ***Faites-vous préciser la notion d'urgence!***
   Ne vous fixez pas d'emblée sur votre propre notion de l'urgence, c'est celle de votre interlocuteur (votre patron, votre client, votre collaborateur) qui compte avant tout. Ce serait dommage de vous mettre une pression supplémentaire sous prétexte que « rapidement » veut dire « demain » pour vous et « la semaine prochaine » pour votre interlocuteur. Alors n'hésitez pas à demander : « Pour quand en avez-vous besoin ? », « Urgent ? Mais vous le voulez pour quand au plus tard ? », « Qu'entendez-vous par "rapidement" ? »
4. ***Soyez sincère dans vos arguments!***
   Si vous estimez avoir besoin d'un délai supplémentaire, dites-le tout de suite, sans attendre le dernier moment, et préparez vos arguments. Annoncez tout de suite un délai réaliste, sans prendre trop de marge. Il n'y a rien

de plus désagréable que de se sentir « roulé dans la farine » ; ce sentiment fait perdre toute confiance.

SAVOIR-VIVRE = EFFICACITÉ PROFESSIONNELLE

LES DÉLAIS : LES ERREURS À NE PAS COMMETTRE

Il est des attitudes particulièrement irrespectueuses : par exemple, laisser quelqu'un dans l'expectative d'une échéance ou lui proposer une échéance irréaliste ou encore laisser passer une échéance en espérant que cela se passera bien !

Ayez le courage de parler « délai » ou « échéance » :

- vous éviterez les conflits,
- vous contribuerez à une réelle efficacité,
- vous gagnerez en crédibilité.

Vous intégrez un projet… une chance à saisir !

Vous êtes sollicité en raison de votre expérience, de vos compétences ou de votre motivation sur le thème du projet. Vous allez donc travailler avec d'autres personnes que vous ne connaissez pas forcément et avec qui il va falloir composer. Dans ce projet, il y a un chef de projet et des « petites mains » dont vous faites peut-être partie, et nombre d'acteurs sans doute venant de l'extérieur. C'est dire si **les bonnes relations auront de l'importance.** Sur elles, repose une part non négligeable de ce qui sera produit dans ce projet.

C'est pourquoi, là aussi, de votre capacité à produire de bonnes attitudes et de bonnes manières dépend votre part de succès !

Nous dirions même une part importante du succès du projet lui-même. Efforcez-vous donc, sur le sujet des relations qui vont être construites dans le cadre de ce projet, d'être particulièrement attentif ! Faites en sorte d'être exemplaire ! Voici comment vous y préparer en quelques lignes.

Ce qu'il faut absolument faire

Dans un premier temps, il va vous falloir **clarifier les choses**, c'est-à-dire comprendre :

- quel en est l'enjeu et quels sont les objectifs poursuivis,
- quel est le timing choisi,
- comment le chef de projet compte-t-il s'y prendre,
- quelles sont les responsabilités de chacun dans ce projet,
- quelle est la vôtre précisément en évaluant le temps nécessaire qu'il va vous falloir produire.

Dans un deuxième temps, il vous faudra **repérer les acteurs du projet** : quels sont les gens avec qui vous devrez travailler de manière proche dans ce projet comme ceux qui sont extérieurs à ce projet mais qui peuvent malgré tout être concernés (gens appartenant à une autre entité par exemple). Faites avec eux la même chose que ce qui a été décrit au chapitre 1 sur votre entrée dans l'entreprise. **Investissez dans le relationnel !** Il n'est pas interdit par exemple de leur proposer de les rencontrer sur le thème du projet ! De ces rendez-vous, vous ressortirez plus riche : en termes d'informations mais aussi en termes de confiance en vous. Vous verrez, ce projet, vous le sentirez bien mieux !

Ça y est, vous avez le sentiment que vous avez bien compris les motifs d'un tel projet, son contexte, ce qui va se passer pour chacun et ce qu'on attend de vous précisément. Alors c'est donc que c'est clair. Maintenant mettez-vous au travail et agissez !

Les paroles s'en vont, les écrits restent... Formalisez tout : tel doit être votre objectif permanent ! Tout ce que vous allez faire, voir, entendre et entreprendre, vous devrez le consigner quelque part, avec une date précise et de quoi refaire, ultérieurement, l'histoire. À chaque action que vous entreprendrez, sachez formaliser ce que vous avez fait et sachez en **communiquer** les termes aux autres membres du projet comme à son chef.

Par exemple, **confirmez toujours ce qui a été convenu entre vous et les autres**, dans une réunion comme dans un rendez-vous en face à face. Sur un travail fait à deux, sachez prendre l'initiative d'une note commune cosignée par vous et l'autre pour que tous les acteurs du projet en soient avisés. Quelqu'un doit vous donner quelque chose ou s'est engagé à vous communiquer telle ou telle information ? Confirmez-lui ce qu'il doit vous fournir avec une échéance précise !

Sans échéance, les choses n'avanceront pas ! Y compris pour vous !

Il ne s'agit certes pas de tirer la couverture à vous mais plutôt de **l'aider** à ne pas oublier son engagement ! Ce projet est une construction à plusieurs et si chacun a cette conviction de faire tout son possible pour aider chaque acteur du projet, alors les conditions de succès sont réunies. Aider l'autre, lui apporter ce qu'il attend mais qu'il n'a peut-être pas exprimé, « devancer l'appel » en somme... voilà les éléments d'une bonne attitude au sein d'une équipe projet.

Le paradoxe du travail en équipe ? C'est en n'oubliant pas la contribution des autres dans vos réalisations que vous allez servir le mieux vos intérêts !

Mettez-y les formes, toujours ! D'abord en associant ceux qui sont concernés et surtout en les remerciant de leur action, de leur aide à chaque fois que cela est mérité. Vous avez réussi à avancer sur un point ? Bravo ! Mais, dans le même temps, refaites l'histoire de ce succès : « Qui m'a permis de l'obtenir ? Qui a apporté sa contribution même modeste ? Quelle est la personne dont la remarque, la suggestion, le questionnement… m'a fait comprendre tel ou tel point, m'a ouvert les yeux sur quelque chose qui a contribué à me faire avancer plus vite ? Etc. » C'est en resituant avec précision les éléments concrets de l'histoire que vous retrouverez tous ceux qui ont apporté leur petit baluchon au résultat. Ne les oubliez pas !

De l'intérêt d'être engagé dans de tels projets

Ne l'oubliez pas, même s'il est de première importance pour l'entreprise, un projet paraît toujours moins important que votre travail quotidien ! Il est pourtant une formidable ouverture sur d'autres perspectives que votre quotidien, sur l'entreprise, sur les autres services que le vôtre, sur les autres fonctions ou départements.

C'est également un moyen très sûr d'enrichir son réseau en interne ! Quand on a travaillé ensemble, on est plus solidaires les uns des autres !

Autre avantage et non des moindres : ce projet vous apportera parfois de nouvelles idées pour votre job actuel.

Les deux clés du succès dans un projet tiennent en quelques mots

- Il faut **donner avant de recevoir** : cette attitude sera ressentie comme très positive par tous et sera le gage de votre bonne intégration dans le groupe.
- Il faut **penser collectif**, ce qui revient à résister à cette mauvaise tendance à privilégier une attitude par trop « perso ».

Dans un projet, si l'on parvient en permanence à refréner sa tendance naturelle à tout rapporter à soi, on sème ainsi la part de succès qui nous reviendra en propre !

La question du secret

Vrai et vaste sujet dans l'entreprise ! Il s'agit en effet d'une pièce importante du savoir-vivre dans l'entreprise comme dans la vie personnelle d'ailleurs !

Mais que recouvre cette notion de secret ? Elle peut revêtir plusieurs formes : elle peut concerner une information ayant trait à l'entreprise (un projet, son fonctionnement, ses actifs, ses clients, etc.) ; elle peut concerner aussi un salarié ou un groupe de salariés, un aspect de leur vie dans l'entreprise ou même de leur vie personnelle. Elle peut être malveillante ou être tout à fait anodine et sans conséquence. Enfin il peut s'agir de quelque chose d'important ou de bénin. En tout état de cause, il s'agit d'une information qui, même si elle vous concerne, ne vient pas de vous.

Or il faut se garder de toute mauvaise utilisation de ces informations. D'abord parce que vous ne connaissez pas forcément ce qu'elle recouvre exactement et ensuite parce que vous ne savez pas quelles peuvent être les conséquences de leur divulgation. Et enfin parce que vous ne savez pas quelle est la part de vérité dans cette information : un peu, beaucoup, passionnément, pas du tout... ? Attention en effet aux ragots et aux rumeurs qui vont bon train dans l'entreprise ! Vous n'y couperez pas. C'est le sport favori de bien des gens hélas ! Il vous faudra donc être prudent.

Et même si on dit parfois qu'il n'y a pas de fumée sans feu, vous n'êtes pas là pour relayer ces informations si vous n'y êtes pas précisément invité. Et puis songez que la fumée sans feu ça existe plus souvent qu'on ne le croie !

Voici la règle : soyez discret ! Les seuls secrets dont vous avez le droit de parler sont ceux dont vous êtes propriétaire !

Quelles conséquences tirer de tout ceci ? Si vous recevez une information dont vous jugez qu'elle revêt un caractère secret et dont vous n'êtes pas sûr de **l'authenticité**, gardez-vous de lui servir de moyen de locomotion dans l'entreprise ! N'y prêtez pas le flanc ! **Apprenez à conserver cette information quelque part dans votre tête et à ne pas l'en faire sortir ! Battez-vous contre cette tendance bien humaine à répandre autour de soi ce que nous venons d'apprendre sur les autres ! Songez que vous pourriez vous-même en être la victime.**

Sur la question du secret, un bel exemple venant d'Alexandre Dumas...

Vous pouvez vous en inspirer !

Une scène des *Trois Mousquetaires* : d'Artagnan demande une faveur à monsieur de Tréville, Capitaine des Mousquetaires du Roi. Il s'agit d'aller chercher en Angleterre, en urgence et dans le secret le plus absolu, les ferrets que la Reine a confiés à son amant. Monsieur de Tréville questionne d'Artagnan. Celui-ci, dans sa jeunesse et son empressement, s'apprête à vendre la mèche et trahir ainsi celle qui lui a confié ce secret... Monsieur de Tréville, flairant la fragilité de d'Artagnan :

« Ce secret est-il à vous ?

– Non, Monsieur, c'est celui de la Reine.

– Êtes-vous autorisé par Sa Majesté à me le confier ?

– Non, Monsieur, car au contraire le plus profond mystère m'est recommandé.

– Gardez votre secret, jeune homme et dites-moi ce que vous désirez. »

Dans ces quelques lignes, une formidable leçon de vie est donnée : si un secret ne vous appartient pas, vous avez le devoir de ne jamais le livrer. Quand on a lu *Les Trois Mousquetaires*, on connaît cette règle précieuse sur la confidentialité que l'on met parfois bien du temps à comprendre si l'on n'a pas eu la chance de bénéficier d'un tel bon exemple. On saura donc l'appliquer très vite dans l'entreprise comme d'ailleurs dans la vie personnelle.

Extrait d'un article intitulé « La littérature au secours du monde économique » de Yves Maire du Poset, paru dans l'*Agefi Actifs*, le 22 janvier 2010.

On vous demande de « participer » à la critique de quelqu'un que vous estimez

Si quelqu'un vous invite subrepticement à adhérer à la critique d'une personne que vous estimez, quand bien même vous êtes en groupe, sachez dire simplement mais fermement : « Je ne partage pas ce point de vue, c'est quelqu'un que j'apprécie… » Ne rentrez pas dans le jeu du jugement, au contraire, c'est en restant sobre et constant que vous pourriez progressivement en rallier quelques-uns à votre opinion sur la personne critiquée.

Vous quittez l'entreprise

Ceci vous arrivera tôt ou tard… Et, quelles qu'en soient les raisons, vous devez faire les choses proprement ! Nous dirions même avec élégance ! Quand bien même ce sont des circonstances défavorables qui vous font « sortir » de cette entreprise, quand bien même la façon dont on a procédé vis-à-vis de vous n'a pas été des plus correctes : par exemple, une opposition invivable avec votre hiérarchie qui a malheureusement fini par un licenciement contraint. Vous pouvez aussi avoir moult raisons d'être remonté contre X ou Y, contre l'entreprise elle-même, contre le monde entier, etc.

Restez correct !

Ce doit être un principe. Quelle que soit votre histoire, vous avez le devoir de rester dans la correction la plus totale ! Vous devez choisir la voie de la bonne intelligence avec les uns et les autres. Vous avez tout à gagner à adopter cette attitude et tout à perdre à faire la guerre !

La vie est en effet longue et le monde est petit : ce qui veut dire que bien des choses peuvent arriver. Vous pouvez parfaitement recroiser dans d'autres contextes des gens que vous avez côtoyés dans votre entreprise ; ceux-ci peuvent se trouver sur votre route de commercial, de fournisseur, de manager ou de futur collaborateur…

Si le souvenir que vous avez laissé n'est pas fameux (vous êtes parti en claquant la porte, bruyamment et en colère…), c'est cela que les gens retiendront et non le reste, c'est-à-dire tout ce que vous avez pu faire d'heureux dans l'entreprise pendant tant d'années ! C'est ainsi, dans ce type de circonstances, la forme prime sur le fond ! En revanche, en faisant en sorte de sortir « sur la pointe des pieds », mais pas « à l'anglaise », sans bruit et sans vague, c'est-à-dire en gardant de bonnes relations avec tous, **vous facilitez les retrouvailles ultérieures !**

Attention, nous ne voulons pas dire pour autant qu'il ne faille pas « discuter sa sortie », sur le plan des conditions, notamment les conditions pécuniaires ! Bien évidemment, traiter cette question est indispensable. Elle devra faire l'objet d'une préparation et d'une stratégie sans précipitation.

Bien préparée en amont et bien discutée, une sortie peut parfaitement permettre ensuite de se quitter de manière positive. Ce qui veut dire que les gens de votre entreprise conservent de vous une idée positive. Qu'ils gardent de vous l'image de quelqu'un qui a bien travaillé, qui était sérieux et sympa. Faites en sorte de laisser ce type de traces quand bien même vous avez un peu de ressentiment et qu'il vous faudra de temps à autre garder votre poing dans votre poche ! Pourquoi opter pour cette attitude ? Pour la simple raison que **votre ancienne entreprise doit rester une alliée !**

Par exemple, il ne faut pas négliger l'aide que vous pouvez trouver en interne de la part de ceux qui vous ont côtoyé ! Pour retrouver une activité, pour agrandir votre réseau, pour bénéficier de leurs bons conseils et enrichir votre réflexion !

Choisir de dire « merci » à tous !

Vous avez sûrement tissé nombre de relations dans cette entreprise dans laquelle vous avez passé du temps. Il ne faut les négliger à aucun prix. Elles font partie de votre réseau naturel et pour cette seule raison, sachez leur dire « merci » pour ce qu'elles vous ont apporté. Prenez donc le temps de vous demander pour chacune d'entre elles ce qu'il reste de votre rencontre. Qu'avez-vous partagé ensemble ? Quel genre d'expérience ? Que vous reste-t-il de cette relation ? Peut-être un exemple, une idée, quelque chose qui vous a enrichi, conforté et même fait grandir… ? C'est un acte de grande maturité que de savoir reconnaître à qui l'on doit quelque chose ! C'est là ce que vous devez apprendre à faire et le départ d'une entreprise en est l'occasion.

Vous pouvez par exemple leur écrire un mot afin de les informer de votre départ. Vous n'êtes pas obligé de rentrer dans les détails. Et d'ailleurs, il vaut mieux rester dans les généralités sinon il y a un risque de vous perdre dans des explications qui n'en finiront pas.

> Cher Monsieur,
> Comme vous le savez sûrement, j'ai décidé de quitter XXX pour une évolution différente.
> J'ai passé… temps chez XXX où j'ai vécu des moments professionnels formidables.
> Je me souviens notamment de nos rencontres au cours desquelles j'ai beaucoup appris.
> Je ne manquerai pas de vous tenir informé de temps à

autre de mon parcours et sachez que je serai toujours très heureux de vous revoir.
Avec mon meilleur souvenir, Bernard X

Vous n'êtes pas obligé d'écrire des lettres à la main… mais prenez le soin de les personnaliser. Vous prendrez le temps de mettre un petit mot manuscrit à la fin, par exemple : « Avec mon meilleur souvenir, Bernard X. »

Il vous arrivera peut-être de penser que c'est du temps perdu parce qu'à cet instant, vous êtes dans l'avenir, dans vos projets et que le passé vous paraîtra sans intérêt. Battez-vous contre cette idée : elle est celle de quelqu'un qui perd la tête et ne réalise pas tout l'intérêt de cimenter ces relations qui ont été les siennes pendant parfois de longues années.

SAVOIR-VIVRE = EFFICACITÉ PROFESSIONNELLE

QUITTER L'ENTREPRISE AVEC PANACHE !

En vous ralliant les suffrages de ceux qui restent, vous adoptez la bonne attitude : vous relativisez les circonstances de votre départ quand bien même celles-ci ont été douloureuses et vous préparez votre avenir sous des auspices plus favorables.
En disant « merci » et « bon vent » à tous, certes vous jetez un voile sur le passé récent mais en vous obligeant à tourner votre regard vers l'avenir.
Vous quitterez l'entreprise apaisé et sans rancœur, fort de relations redynamisées et d'appuis dont vous profiterez plus tard !
Le plus important : conserver ses relations !

CONCLUSION

Vous voici paré pour vivre ces nombreuses situations que vous allez rencontrer dans l'entreprise. Et peut-être pouvez-vous espérer ainsi devenir cette personne aimable dont tous chercheront à se rapprocher.
Car, soyez-en convaincu, ce n'est pas votre capacité technique qui risque de faire obstacle à votre évolution professionnelle. Mais plutôt votre capacité relationnelle, votre sociabilité qui suppose de l'apprentissage et de l'entraînement.

Tout au long du livre, vous l'avez vu, quelles que soient les situations difficiles que l'on rencontre, **on peut toujours agir envers les autres de telle sorte qu'ils en soient valorisés** : parce que l'on aura su, ici prendre en compte leurs attentes, là les associer en amont des actions à mener, là les informer en temps utile, là encore respecter leur vie personnelle, etc.

Chaque fois, ce sont vos bonnes manières qui marqueront le respect que vous leur témoignez. C'est ce qui fera votre différence avec les autres aux manières plus grossières, plus brutes. Plus brutales ? N'en doutez pas, l'actualité nous rappelle hélas tous les jours qu'il s'agit bien de cela : le harcèlement, le stress, la déprime, les suicides… Le monde professionnel est en effet sous la pression d'un contexte aux exigences très dures. Et, là où les choses ne tournent plus rond, il y a de la civilité qui s'est perdue !

Oui, le monde professionnel, à l'évidence, appelle davantage de tempérance et de savoir-faire en savoir-vivre ! Et si vous-même,

en êtes capable, rien ne résistera à la sympathie envers les autres et au travail bien fait que vous saurez prodiguer !

Et puis a-t-on vraiment le choix ? Y aurait-il un autre moyen à la fois de résister à ce contexte pressurisant tout en cherchant à produire malgré tout davantage d'efficacité dans l'entreprise ?

Sans doute le secret est-il là : parier sur le caractère durable des relations bien engagées, en tournant le dos à l'immédiateté du profit personnel que nous pouvons tirer des situations ; et ceci, sans arrière-pensée, avec le seul objectif d'un travail accompli et efficace !

Souvenons-nous de cet homme qui plantait des arbres :

« Pour que le caractère d'un être humain dévoile des qualités vraiment exceptionnelles, il faut avoir la bonne fortune de pouvoir observer son action pendant de longues années. Si cette action est dépouillée de tout égoïsme, si l'idée qui la dirige est d'une générosité sans exemple, s'il est absolument certain qu'elle n'a cherché de récompense nulle part et qu'au surplus elle ait laissé sur le monde des marques visibles, on est alors, sans risques d'erreurs, devant un caractère inoubliable.* »

Bien sûr, le modèle se trouve très haut placé. Mais dans notre monde tourmenté, n'est-il pas judicieux d'essayer de s'en inspirer ? Saurez-vous être ce « caractère inoubliable » dans l'entreprise ?

* *L'homme qui plantait des arbres*, Jean Giono, Gallimard, « Folio Cadet », page 7.

INDEX DES THÈMES

TABLE DES MATIÈRES

Découvrez aussi des mêmes auteurs

Dites... ne dites pas
Entretiens de recrutement

- Une mauvaise impression après un entretien de recrutement ?
- Une incertitude quant à l'impact produit sur votre interlocuteur ?
- Une insatisfaction concernant ce que vous avez dit ?...

Alors il est grand temps d'adopter les bons conseils !

Le principe : pas de longs discours ni de théorie, mais des centaines de phrases prêtes à l'emploi pour réussir vos entretiens de recrutement. **Avec ce livre, décrocher le job de ses rêves, déjouer les pièges des recruteurs, et obtenir une promotion, c'est facile !**

15 x 21 cm
168 pages
13,90 euros
ISBN : 978-2-84899-296-9

Pour recevoir notre catalogue, merci de bien vouloir photocopier, recopier ou découper ce formulaire et nous le retourner complété à :

Éditions Leduc.s
17 rue du Regard
75006 Paris

Vous pouvez aussi répondre à au formulaire disponible sur Internet :

www.leduc-s.com

NOM : ....

PRÉNOM : ....

ADRESSE : ....

....

CODE POSTAL : ....

VILLE : ....

PAYS : ....

ADRESSE@MAIL : ....

ÂGE : ....

PROFESSION : ....

Titre de l'ouvrage dans lequel est insérée cette page :

Toutes les clés du savoir-vivre en entreprise

Lieu d'achat : ....

Avez-vous une suggestion à nous faire ?

....

....

....

....

À .... LE ....

Conformément à la loi Informatique et Libertés du 6 janvier 1978, vous disposez d'un droit d'accès et de rectification aux données personnelles vous concernant.

Achevé d'imprimer en octobre 2010
sur les presses de la Nouvelle Imprimerie Laballery
58500 Clamecy
Dépôt légal : octobre 2010
N° d'impression : 009229

Imprimé en France

La Nouvelle Imprimerie Laballery est titulaire de la marque Imprim'Vert®